Bernhard Weißhaar

Trauerwege Lebenswege

30 Fragen in der Trauer

In Zusammenarbeit mit
Dr. Heiner Goldinger

der
hospiz
verlag

Der Autor über sich:

1962 in Villingen geboren, lebe ich seither im Schwarzwald-Baar-Kreis. Tiefe persönliche Lebenserfahrungen haben mich geprägt und gestärkt – und führten 2013 zur Entscheidung, mich zum Hospizbegleiter ausbilden zu lassen. Mein Anliegen ist es, Menschen in schwierigen Lebenssituationen einfühlsam zu begleiten und ihnen ein Gefühl von Würde und Geborgenheit zu schenken.

Aus meinen ehrenamtlichen Erfahrungen in der Sterbebegleitung wuchs der Wunsch, mich noch intensiver der Trauerbegleitung von Hinterbliebenen zu widmen. Seit meiner Qualifikation zur Trauerbegleitung im Jahr 2017 und zahlreichen Weiterbildungen engagiere ich mich mit großer Freude in der Leitung von Trauergruppen, sowie in der individuellen Begleitung trauernder Menschen.

Immer wieder begegneten mir in meiner Arbeit mit Trauernden ähnliche, tiefgreifende Fragen, die sie nach einem Verlust bewegten. Diese wiederkehrenden Gedanken und Emotionen haben mich dazu veranlasst, meine Praxiserfahrungen in diesem Buch zu bündeln. Es ist mir ein Herzensanliegen, Menschen in ihrer Trauer auf Augenhöhe zu begegnen und sie in dieser schwierigen Lebensphase achtsam zu begleiten.

IMPRESSUM

Bibliografische Information Der Deutschen Bibliothek

Die Deutsche Bibliothek verzeichnet diese Publikation in der Deutschen Nationalbibliografie; detaillierte bibliografische Daten sind im Internet über dnb.ddb.de abrufbar.

Bernhard Weißhaar
Trauerwege – Lebenswege

2. überarbeitete Auflage 2026, ISBN: 978-3-946527-52-7
Druck: MCP, Polen

der hospiz verlag Caro & Cie. oHG: Schellbergstraße 7, 70188 Stuttgart
katharina.buck@hospiz-verlag.de, www.hospiz-verlag.de

Mein Wunsch für Dich

Wenn ich nicht mehr da bin, wünsche ich dir, dass du…
lächelst, wenn du an mich denkst,
zu meinen Ehren dein Leben lebst und findest,
deinem Leben Bedeutung gibst,
die Sonne in dein Herz lässt,
mutig und frei in die Zukunft schreiten kannst,
dankbar an die Vergangenheit zurück denkst,
aber dich nicht an sie klammerst.

Ich wünsche dir lebendige Gegenwärtigkeit,
in der du nicht nur vor dich hin lebst.
Ich möchte dir ein Stern sein, der dir von weitem leuchtet.
Lass Dich durch niemanden,
auch nicht durch Gedanken an mich, unter Druck setzen.
Es ist dein Weg, bleib offen und fühl dich frei.
Ich wünsche dir, dass du in diesem Wunsch
Trost finden kannst!

Inhalt

Vorwort

Trauer erscheint uns oft als Zeichen des Mangels – ein Echo dessen, was verloren ging. Doch in ihrem Kern trägt sie eine stille Botschaft: Sie verweist auf das, was zuvor da war. Auf Liebe.

In der Philosophie wird Schmerz häufig als Spiegel der Bedeutung betrachtet. Was uns trifft, ist nicht beliebig – es betrifft uns, weil es Teil unseres Selbst war. Die Trauer zeigt also nicht die Leere, sondern die Fülle, aus der sie stammt.

Trauer ist oft ein stiller Dank – manchmal unbewusst, aber immer tief empfunden. Wir danken für gemeinsame Wege, für Nähe und Verbundenheit. So gesehen ist Trauer kein Bruch mit dem Leben, sondern ein Zeichen seiner innersten Tiefe.

Vielleicht ist das ihre größte Würde: Dass sie uns erinnert, wie sehr wir lieben können. Wie groß ist unsere Freude, wenn sich durch die Beziehung mit einem geliebten Menschen unser einsames ICH in einem wundervollen WIR verbindet, wenn wir in einer Familie, Partnerschaft oder Freundschaft unsere Einsamkeit überwunden haben.

Wie groß ist auf der anderen Seite unser Schmerz nach einem Verlust – wenn der Weg wieder ins einsame ICH zurückführt.

Viele Menschen können es genießen alleine zu sein, manchen macht auch die Einsamkeit nichts aus. Ein Trauernder teilte mir mit, dass diese Mischung aus „alleine“ und „einsam“, eine für ihn unerträgliche Kombination ergab: Alleinsamkeit!

Ein glückliches Leben zu leben ist das Ziel und die Hoffnung der meisten Menschen, wobei die Anschauungen, wie dieses Glück tatsächlich aussehen soll, sich enorm unterscheiden. Stirbt der geliebte Mensch, türmen sich Trauer und existenzielle Themen schonungslos vor uns auf, und sehr viele Menschen stoßen dann auf die gleichen Fragen:

Welchen Sinn hat mein Leben jetzt noch? (Mit dieser Frage hat man sich zuvor vielleicht eher selten beschäftigt.)

Was ist nach dem Tod? (... wo ist unser/e Partner-/in jetzt, wie wird das für mich sein, werden wir uns wiedersehen)

Wie soll ich mit dem großen Schmerz und dieser ‚Alleinsamkeit' zurechtkommen? (... in der ich für mich selbst verantwortlich bin!)

In den ersten Tagen nach einem Verlust, in der Schockphase, werden die meisten Worte oder Texte nicht zu Ihnen vordringen. Der Schmerz und eine quälende Stille blockieren meist jeden Zugang. Weder schnelle Linderung noch Heilung ist möglich. Hilfreich kann jedoch die schlichte Erkenntnis sein, dass dieses Chaos und die Orientierungslosigkeit „normal" sind und unzählige Trauernde auf ähnliche Weise ums Überleben und Weiterleben kämpfen. Weder Pläne noch Zeitrechnungen funktionieren mehr. Nur gut, wenn man dann jemanden bei sich hat, der zuhört und das „Nicht-Helfen-Können" aushält.

Die folgenden Seiten enthalten eine Sammlung mit Fragen aus meiner Arbeit mit Trauernden, mit Trauergruppen und aus meiner Hospizarbeit.

Bei meinen Begleitungen habe ich erlebt, wie manche Fragen unbeantwortbar blieben, aber auch, wie scheinbar schon beantwortete Fragen viel später unerwartet wieder auftauchten. Die Herausforderung besteht darin, sich diesen Fragen bewusst zu stellen, ohne sich unter Druck zu setzen.

Trauernde können für sich selbst Antworten finden – oder auch nicht; diese eigene Auseinandersetzung ist ein Großteil der Trauerarbeit und führt zu einer Stabilisierung und Entwicklung im Trauerprozess.

Es ist stets hilfreich die eigenen Gedanken und Antworten schriftlich festzuhalten, auch wenn es immer wieder nicht gelingen mag die richtigen Worte zu finden. Sinn und Zweck ist eine intensive Auseinandersetzung – zum einen in der „Wahrnehmung des Verlustes", also immer wieder zu realisieren, dass der Verlust Wirklichkeit geworden ist, und zum anderen in der „Arbeit an der Beziehung“ zur geliebten Person (eine neue Art der Beziehung finden).

Es gibt keine Abkürzung auf dem Weg der Trauer, jeder Mensch geht ihn auf seine ganz eigene Weise. Vielleicht können Sie einen tröstlichen Gedanken finden in der Vorstellung, dass diese unendlich schwere Trauer, die wie ein Fels auf Ihnen lastet, sich irgendwann zu einem Edelstein in Ihrem Herzen wandelt.

Es ist bereits eine bemerkenswerte Leistung nicht davonzulaufen und nicht mittels Arbeit oder Sucht zu verdrängen. Bringen Sie die Kraft auf, den Trauerweg mutig anzugehen. Zollen Sie sich selbst Anerkennung hierfür. Jeder Mensch wird irgendwann in seinem Leben mit Trauer konfrontiert. Nur wer erlebt hat, wie viel Energie das kostet, weiß dies zu würdigen. Trauerwege führen uns in die Tiefen unseres Seins und an die Grenzen unserer Leidensfähigkeit.

Somit erleben wir nicht ‚nur‘ den Schmerz des Verlustes, sondern werden mit existentiellen Grundängsten konfrontiert. Die Trauer weist uns auf die elementaren Fragen des Lebens hin: Wer bin ich, wie halte ich meine „Alleinsamkeit“ aus, wie will und kann ich noch leben, – und wie gehe ich mit meiner eigenen Sterblichkeit um? Ungelöste Lebensprobleme bauen sich vor uns auf, Vertrauen ins Dasein scheint verloren. Unser Lebensweg muss neu gefunden werden.

Wer die Kraft und den Mut findet, sich auf den Weg zu machen, darf erleben, wie daraus Trost erwächst. Genau das wünsche ich allen Menschen, die mit Trauer leben. Wenn dieses Buch ein Impuls sein kann – ein leiser Anstoß zum Aufbruch und Weitergehen – dann hat es seinen Sinn erfüllt.

Ein herzlicher Dank an alle Menschen, die ich begleiten und von denen ich lernen durfte!

Auch ich hatte einen wertvollen Begleiter auf dem Weg zu diesem Buch: Der Ethnologe und Kulturwissenschaftler Dr. Heiner Goldinger hat mich in allen Belangen mit großem Engagement unterstützt und mit seiner Perspektive und seinem Wissen wertvolle Impulse für das Zustandekommen dieses Buches eingebracht. Dafür gilt ihm mein ganz besonderer Dank.

Für die tatkräftige Unterstützung danke ich zudem Peter Grassmann, Peter Haller, Daniela Lamm und Klemens Rzepka ganz herzlich.

Ebenfalls herzlichen Dank für die Abdruckgenehmigungen an Prof. Dr. Sven Gottschling, Angela Holzmann, Caroline Kraft und Philipp Reclam jun. Verlag GmbH.

Bernhard Weißhaar, Bad Dürrheim, November 2025

Was nun?

„Von guten Mächten wunderbar geborgen …" wurde bei der Beerdigung gesungen. Wie geht es nun weiter?

Wenn uns das Liebste genommen wird, wenn wir die Menschen verlieren, die uns am meisten bedeuten, zeigt sich was es heißt, in Hilflosigkeit, Orientierungslosigkeit, Schmerz, Wut und Ohnmacht weiterzuleben! Alle Illusionen, irgendetwas unter Kontrolle zu haben, lösen sich in nichts auf und wir selbst fühlen uns in keinster Weise geborgen.

Ach, wie schön wäre es, wenn sich alles in Nichts auflösen würde, wie gerne würden wir alles ungeschehen machen und alle Gefühle abstellen. Doch die Realität schont uns nicht. Blitzartig und gnadenlos durchzuckt uns immer wieder die Gewissheit des endgültigen Verlustes.

Was bleibt – außer den schmerzhaften Erinnerungen? Wo sind jetzt die sogenannten Pfeiler des Lebens, die uns Halt geben sollten?

Nur wer dies erlebt hat, weiß, wie es sich anfühlt, wenn dieser außer Kontrolle geratene Aufzug im Haus unseres Lebens immer weiter nach unten fährt und das Untergeschoss unendlich tief und trostlos scheint. Im untersten Stockwerk haben wir keine Kraft mehr und es scheint uns vollkommen sinnlos, jemals wieder auf einen Knopf für die oberen Stockwerke zu drücken. Nun überlegt mancher, ob das Leben überhaupt noch von Bedeutung ist. Die Fragen Warum? Was ist der Sinn?, Wieso? Wozu? Wie soll ich weiterleben? Sie kommen unvermeidlich. Sie führen oft in einen Teufelskreis und kehren immer wieder zurück.

Ein Teilnehmer unserer Trauergruppe schilderte seine Situation zu Beginn seiner Trauer folgendermaßen:

> *„Nach dem Tod unserer Tochter*
> *habe ich den Glauben*
> *an einen gerechten Gott*
> *und eine geordnete Welt*
> *eingetauscht gegen Zorn und Wut.*
> *Ich hasse Geburtstage, Weihnachten, Silvester, Ostern*
> *und die ganze Welt.*
> *Mein Schrei nach Gerechtigkeit? Sinnlos!*
> *Was nun?“*

Kapitel I

Abschied! Nichts ist mehr, wie es einmal war

1 Warum?
2 Wo bist du?
3 Wie fühlt sich meine Trauer an,
was nehme ich wahr?

1 Warum?

Gefühle und Aussagen von Trauernden:

> *„Warum? Ich hatte ein sorgloses, glückliches, gut geplantes Leben und bin im besten Alter ... plötzlich, wie aus dem Nichts, ereilt mich ein Schicksalsschlag, der Verlust meines Partners: Warum so früh, warum jetzt, warum du, warum ich?*
> *Wieso straft mich das Leben oder Gott, was habe ich getan? Es reißt mir den Boden unter den Füßen weg, ich verliere alle Kraft. Und immer wieder frage ich: Warum? – aber es will mir niemand antworten. Selbst Freunde wenden sich von mir ab. Wann und woher bekomme ich eine Antwort? Oder will ich gar keine Antwort? Wann lassen mich diese Fragen endlich los? Ich bin wütend, und weiß nicht wohin damit."*

Mussten wir von einem geliebten Menschen Abschied nehmen, drängt sich oft zuerst die Frage auf, welchen Grund, welchen Sinn sein Sterben hatte und wieso gerade uns dieses Schicksal trifft: Es ist die Warum-Frage, auf die wir keine abschließende Antwort finden können, weil sie so tief geht, weil sie nicht nur eine, sondern viele Schichten hat. Diese Schichten können wir wegen unserer menschlichen Begrenztheit nicht bis ins Letzte durchdringen. Es ist ein Wagnis, sich der Warum-Frage zu stellen, und ebenso ein Wagnis, sie stehenzulassen.

Wir können aber den Versuch wagen, uns dem Grund zu nähern, dem Sinn des Werdens und Vergehens, des Lebens und Sterbens. Hierzu müssen wir unsere Trauer zulassen und annehmen.

Wenn wir das Zulassen wagen, können wir uns selbst näher kommen, um letzten Endes ein wenig mehr vom Geheimnis unseres Daseins zu verstehen. Wir beschreiten damit eine Brücke – eine Brücke, die uns wegführt aus der Spirale von Auflehnung, Rechtfertigung und Selbstvorwürfen.

Beim Beschreiten dieser Brücke begegnen uns:

» Hadern, Klagen und auch Wut und Zorn gegen das uns auferlegte Schicksal (gegen Gott, den Arzt, den Unfallverursacher oder gegen uns selbst). Wir müssen uns dieses Wütens nicht schämen oder ein schlechtes Gewissen haben. Wir können unserem Schmerz dadurch erst einmal Luft verschaffen. Damit daraus aber nicht Selbstzermürbung oder gar Selbstzerstörung wird, müssen wir weiter gehen. Einen Schuldigen zu suchen ist eine oft angewandte, allerdings nur vorläufig hilfreiche Maßnahme, um eine Antwort auf die Warum-Frage zu finden.
» Wir dürfen glauben, dass Gott oder eine höhere Macht über die Spanne eines jeden Lebens entscheidet; vieles liegt in unserer Macht – dies eben nicht. Damit können wir uns von einer Verantwortung oder einer Schuld an diesem Tod entbinden. Auch die Bewertung, ob der geliebte Mensch nun zu früh gestorben ist, erübrigt sich. Tatsächlich werden die meisten Todesfälle als „zu früh" wahrgenommen – wer entscheidet, welche Lebensspanne zu kurz und welche angemessen ist?
» Die Akzeptanz der Vergänglichkeit, der unseres geliebten Menschen und unserer eigenen, kann die Warum-Frage relativieren. Unsere Lebensspanne ist ein kostbares Geschenk, jeweils begrenzt durch einen Schicksalshauch des Entstehens und Vergehens. Dieses Geschenk gibt uns die Möglichkeit, das Geheimnis unseres Daseins ein wenig besser zu verstehen. Die Bewusstheit der Vergänglichkeit macht unser Leben wertvoll.

> *„Der, der am längsten gelebt hat, verliert doch nur dasselbe, wie der, der sehr jung stirbt. Denn nur das Jetzt ist es, dessen man beraubt werden kann, weil man nur dieses besitzt, und niemand kann verlieren, was er nicht hat."*
> Marc Aurel : Selbstbetrachtungen

Die Frage nach dem Warum zeigt uns keinen Weg. Eine Perspektive allerdings eröffnet sich mit der Frage: Wozu. Eine Erfahrung, die nicht zu ändern ist, lehrt das Unabänderliche anzunehmen, einen Umgang damit zu finden. Es wird zu einer Gestaltungsaufgabe für das eigene weitere Leben. Es ist allerdings legitim die Warum-Frage zu stellen – drückt sich in ihr doch die Unaussprechlichkeit dessen aus, was geschehen ist.

2 Wo bist Du?

Gefühle und Aussagen von Trauernden:

> *„Ja, das überlege ich mir oft, ich hoffe, dass sie an einem guten Ort ist, an dem Frieden herrscht. Natürlich ist sie immer in meinem Herzen, aber gleichzeitig möchte ich sie nicht zu sehr vereinnahmen, ich möchte ihr ihre Autonomie lassen, denn das war ihr immer sehr wichtig. Ich versuche es manchmal so zu sehen, dass sie immer noch genau gleich präsent ist wie früher, wenn meine Frau in einem anderen Raum, bei der Arbeit oder sonst wo war. Viele Dinge sind ‚nur' in uns, aber auch dieses ‚nur' macht das Leben oft schöner! Daher rede ich auch oft mit ihr, als ob sie da wäre."*

> *„Ich glaube nicht an ein Leben nach dem Tod, und das betrübt mich nicht, denn wenn der Tod ist, bin ich nicht mehr, und so lange ich bin, ist er nicht. Ich glaube also nicht, dass meine geliebte Frau noch irgendwo ist – außer in meinen Erinnerungen, Gedanken und in meinem Herzen. Sie ist aber auch in meiner Art zu leben, darin wie ich die Dinge sehe und fühle, in den Nachwirkungen, die sie auf mich und mein Leben hat. Sie ist immer dabei, wenn ich etwas Schönes erlebe, denn dass ich das Schöne überhaupt genießen kann, habe ich ihr zu verdanken."*

> *„Es spielt für mich keine Rolle, wo mein geliebter Partner jetzt ist, denn ich fühle ihn immer bei mir, auf eine wohltuend unaufdringliche Weise. Ich weiß, dass er da ist, wo es ihm gut geht und er seinen Frieden hat. Und wenn er in mir ist, in meinen Gedanken und Erinnerungen, dann ist er NICHT NIRGENDWO, sondern lebt weiter in mir."*

Der kleine Prinz, der vor langer Zeit den Dichter Saint Exupéry inspirierte, rief zum Abschied:

„Wenn du bei Nacht den Himmel anschaust, wird es dir sein, als lachten alle Sterne, weil ich auf einem von ihnen wohne, weil ich auf einem von ihnen lache."

Viele Menschen werden einen tröstlichen Gedanken darin finden. Wie sehr wünschen wir uns unsere Liebsten dort oben in Frieden und Geborgenheit. Gleichwohl hinterfragen und zweifeln wir immer an dieser Vorstellung und fragen, ob wir uns solchen Vorstellungen und Wunschträumen hingeben dürfen.

Was dürfen wir glauben, hoffen oder träumen?

Es bleibt uns nur, in uns selbst hinein zu schauen und die Antwort in uns selbst zu finden. Der Weg zu unserem geliebten Menschen ist auch der Weg zu uns selbst.

3 Wie fühlt sich meine Trauer an, was nehme ich wahr?

Gefühle und Aussagen von Trauernden:

„Mein Mittelpunkt ist verloren, ich fühle mich so leer."

„Ich fühle mich wie betäubt, nichts dringt mehr durch."

„Ich fühle mich wie in einem Film, bei dem ich zuschaue."

„Die Menschen um mich herum sind so nett zu mir,
aber es ist eine Wand zwischen uns."

„Dass Trauerschmerz körperlich so weh tun kann,
hätte ich nicht geglaubt."

Welches Verlangen unsere Gesellschaft hat, belastende Themen zu verdrängen, ist schockierend. Gerade die vielen unbekannten, plötzlichen und heftigen Emotionen nach einem Verlust erschrecken uns zutiefst. Dabei ist es erst einmal hilfreich zu wissen, dass dies „normal" ist. Die Autorin Ruthmarijke Smeding spricht von „Gezeiten der Trauer": Unerwartet, wie von einer Welle getroffen, wird man immer wieder von schmerzlichen Emotionen überrollt. Der psychische Trauerschmerz hat ähnliche Funktionen und Auswirkungen wie der körperliche Schmerz. Er signalisiert Hilfsbedürftigkeit und will umsorgt werden.

Hier eine Aufzählung von Auswirkungen aufgrund der Trauer:
Aggressionen, Alpträume, Angst, Antriebslosigkeit, Beklemmung, Depression, Einsamkeit, Erstarren, Fassungslosigkeit, Genussunfähigkeit, Haltlosigkeit, Herzschmerzen, Herzrasen, Kopfschmerzen, Leere, Magenbeschwerden, Niedergeschlagenheit, Orientierungslosigkeit, Schlaflosigkeit, Schuldgefühle, Schwindelgefühle, Stimmungsschwankungen, Sinnlosigkeit, starke Müdigkeit, Todessehnsucht, Unruhe,

Verdauungsprobleme, Verlassenheitsgefühl, Verzweiflung, Wut ... Oft wird das Gefühl geschildert „in Watte gepackt“ oder im „falschen Film“ zu sein.

Wenn das Normale weh tut. Der Alltag geht weiter, als wäre nichts geschehen. Und doch – im eigenen Innern steht alles still. Es ist kein Widerspruch, sondern ein Teil des Menschseins. Trauer verändert die Wahrnehmung. Sie bringt Stille in eine laute Welt, Entschleunigung in rastlose Tage. Das alles ist normal. Nur fühlt sich normal eben manchmal furchtbar an.

Wahrnehmung

Sich genauer zu spüren und dies zu differenzieren ist hilfreich.
Viele Trauernde berichten, wie ihre Sinne „lahmgelegt“ scheinen, sie spüren sich nicht. Diese wieder zu aktivieren bedarf einer Anstrengung und Schulung der Achtsamkeit. Sie können sich fragen:

» Wie nehme ich meine Trauer im Moment wahr?
» Was schmerzt/ wo schmerzt es am meisten?
» Um was trauere ich am meisten? Um meinen Verlust, um die nicht mehr „erlebbare Zeit“ des geliebten Menschen, oder die verlorene Zeit mit dem geliebten Menschen?

Kann ich mich diesen Fragen öffnen, die Gefühle die dabei kommen, aushalten?

Hier beginnt dann ein innerer Dialog mit dem geliebten Menschen, der als tröstend empfunden wird und „normal“ ist. Seine/ihre Meinung hat hohe Autorität!

Hilfreiche Affirmation:

„Ich bin nicht die Trauer, sondern sie begleitet mich.
Sie darf bei mir sein, denn sie ist Ausdruck meiner Liebe“

Kapitel II

Konfrontation mit Sterblichkeit und Tod

4 Wie finde ich jetzt Orientierung?
5 Was ist Sterben?
6 Habe ich Angst vor dem Tod?
7 Kann ich mich mit dem Tod versöhnen?
8 Gibt es ein Leben „nach“ diesem Leben?
9 Ist die Liebe stärker als der Tod?

4 Wie finde ich jetzt Orientierung?

Gefühle und Aussagen von Trauernden:

„Momentan weiß ich überhaupt nicht wie es weitergehen soll. Immerhin weiß ich schon, dass es nicht wie bisher weitergeht. Das ist für mich eine wichtige Erkenntnis, für die ich erstaunlich lange gebraucht habe."

„Ich fand Orientierung durch innere Einkehr, Beschäftigung mit Lebensfragen, den Kontakt zu anderen Trauernden und vor allem viele, sehr viele Gespräche mit wohltuenden und klugen Menschen. Am Anfang ist man völlig verwirrt und zerrüttet, man traut den eigenen Gefühlen und Gedanken nicht mehr und sieht keinen Ausweg, weil alles nur um den Trauerschmerz kreist. Es ist wie nach einer Explosion, wenn alles verwüstet ist und man unter einer Staubwolke liegt. Irgendwann beginnt sich der Nebel zu lichten, und man merkt, dass die Welt dieselbe geblieben ist, mit allen Möglichkeiten, aber auch Gefahren, die sie für uns bereit hält."

„Zuerst war mir das Funktionieren im Beruf das Wichtigste. Darin konnte ich Sicherheit finden in dieser Phase der Verunsicherung. Dank guter Gespräche habe ich aber erkannt, dass dies kein echtes Fundament ist und meine Aufarbeitung nur gelingen kann, wenn ich mich meiner Verunsicherung stelle und ich mir mit der Zeit eine neue Sicherheit erarbeite."

„Ich bin sehr verwirrt. Während die Zeit früher scheinbar gleichmäßig und verlässlich verging, habe ich jetzt jegliche Orientierung verloren. Mal bleibt sie stehen, mal schnellt sie nach vorne und manchmal stürzt alles zugleich auf mich herein. Einmal hoffe ich, dass die Zeit schneller vergeht und dann frage ich mich wieder wie schnell sie vergangen ist."

„Nun habe ich erlebt, wie fragil unser Leben ist und wie schnell es erlöschen kann. Müsste ich mein eigenes Leben dann nicht wertschätzen? Irgendwie gelingt mir das nicht, ich verplempere die Tage, manchmal kommt so etwas wie Selbstmitleid. Mein eigenes Leben? Ich finde den Weg nicht. Hoffentlich finde ich neue Ziele.

Die Orientierungssuche, gerade in der ersten Zeit der Trauer, führt zu einer „Teilung der Zeiten“: die Zeit vor und die Zeit nach dem Verlust des geliebten Menschen. Hierbei wird der Verlust immer wieder aufs Neue schmerzhaft wahrgenommen. Das Leben scheint durcheinander, ohne Richtung und ohne Halt.

Die Gefühle, die durch das plötzliche Verschwinden eines geliebten Menschen ausgelöst werden, sind so vielschichtig und überwältigend, dass Worte ihnen kaum gerecht werden. Einige Menschen sprechen von einem Zustand der Ohnmacht, von innerer Betäubung, von stechendem Schmerz – andere beschreiben es als ein zielloses Umherwandern in einer fremden, unwirklichen Welt. Besonders in den nächtlichen Stunden kann dieses Verlorensein eine tiefgreifende Qual sein.

Die Orientierungssuche kann Trauernde lange begleiten; dies wird in den folgenden Kapiteln immer wieder aufgegriffen.

5 Was ist Sterben?

Die Bewusstheit des Menschen seiner selbst führt unweigerlich zu der Frage nach dem Tod und was es mit dem Sterben auf sich hat.
So beschreibt der Palliativmediziner Prof. Dr. Gottschling in seinem Buch „Leben bis zuletzt“ den Sterbeprozess auf eindrückliche und tröstliche Weise:

> *„Ich war schon oft beim Sterben eines Menschen dabei, und diese Atmosphäre und diese Veränderung, die dabei im Raum spürbar werden, sind ganz besondere Momente, und so bin auch ich mir sicher, dass alles, was einen Menschen als Wesen ausmacht, nicht einfach so, wie durch einen Fingerschnipps, erlischt. Wenn ein Mensch verstirbt, gibt es zum einen den Körper, der dann wirklich nur noch eine Hülle ist, aber für einige Augenblicke schwebt da noch mehr durch den Raum.*
>
> *Ich persönlich empfinde das ganz subjektiv als körperlich spürbar. Nennen Sie es Seele, nennen Sie es Geist, nennen Sie es, wie Sie wollen, aber ich glaube, dass dieser Teil von uns, der uns wirklich als Individuum so einzigartig macht, auf irgendeine Art und Weise unsterblich ist, weswegen der Moment des Sterbens bei aller Dramatik und Traurigkeit für mich auch ein Moment ist, bei dem ich ein Stück weit eine tiefe innere Ruhe und auch Zufriedenheit und Dankbarkeit empfinde.“*
>
> Sven Gottschling

Die Menschen von Vorbei

Ein Schiff segelt hinaus, und ich beobachte, wie es am Horizont verschwindet. Jemand an meiner Seite sagt: Es ist verschwunden.

Verschwunden wohin?

Verschwunden aus meinem Blickfeld: Das ist alles.

Das Schiff ist nach wie vor so groß, wie es war, als ich es gesehen habe – dass es immer kleiner wird und es dann völlig aus meinen Augen verschwindet, ist in mir, es hat mit dem Schiff nichts zu tun.

Und gerade in dem Moment, wenn jemand neben mir sagt, es ist verschwunden, dann gibt es andere, die es kommen sehen, und andere Stimmen, die freudig aufschreien:

Da kommt es!

Das ist Sterben.

Bischof Charles Henry Brent (9.4.1862 - 27.3.1929), Die Menschen von Vorbei

6 Habe ich Angst vor dem Tod?

Die Menschheit hat seit Jahrtausenden vielfältige und fantasievolle Methoden entwickelt, um uns die Angst vor dem Tod zu nehmen. Zahlreiche Geschichten über „Nahtoderfahrungen" versuchen einen Einblick zu geben, wie es sein könnte, wenn man stirbt. Die Furcht vor dem Tod ist ein Urgrund vieler Religionen. In ihren vielfältigen Ausdrucksformen versuchen sie, die seelische Last unserer Vergänglichkeit zu mildern. Für viele Menschen bieten diese spirituellen Deutungen nicht nur Trost, sondern auch Halt.

Schon einige Denker der früheren Zeit waren der Ansicht, dass wir nichts zu befürchten haben: Da mit dem Tod unser Bewusstsein verschwindet, haben wir auch kein Bedauern, das Leben verloren zu haben. Da wir den Tod nicht wahrnehmen werden, brauchen wir ihn auch nicht zu fürchten. Der griechische Philosoph Epikur erklärt es so:

> *„Wenn die beiden Zustände des „Nichtseins", nämlich der vor der Geburt und der nach dem Tod, dieselben sind, warum betrachten wir dann den Zustand nach dem Tod nicht mit derselben Gelassenheit wie den vor der Geburt?"*

Viele Menschen empfinden Trauer darüber, eines Tages nicht mehr zu existieren. Doch erstaunlich selten beklagen wir, dass wir vor unserer Geburt nicht da waren. Warum eigentlich?

In unserer Zeit finden wir Ablenkung vor der Ungewissheit durch unentwegten Konsum und durch das Vermeiden der Stille. In einem Film von Woody Allen kommentiert die Hauptfigur humorvoll: *„Ich habe keine Angst vor dem Tod, ich möchte nur nicht dabei sein, wenns passiert."*

Angst vor dem „Nichtsein", ein „Niemand" zu sein, erfährt man bei Sterbenden, auf die Frage, was denn genau der Kern ihrer Angst ist. *„Ich kann mir einfach nicht vorstellen, nicht mehr zu leben, nicht* *mehr da zu sein"*, ist eine Aussage, die ich mitunter zu hören bekomme. Mit dieser drohenden Bedeutungslosigkeit konfrontiert zu werden, steht im klaren Widerspruch zu unseren lebenslangen Bemühungen, „Jemand" zu sein. Wäre es nun hilfreich, wenn wir uns früher mit unserer „Nichtigkeit" anfreunden könnten? Das ist die Botschaft mancher Religionen und Philosophie-Strömungen.

Dazu gesellt sich die Angst vor einer unfassbaren, „end"-gültigen Einsamkeit. Zum einen des Sterbenden, der seinen Weg, zwar bestenfalls umsorgt, aber letztlich doch alleine zu Ende geht. Zum anderen der Angehörigen, die ihre eigene Einsamkeit vielleicht schon dunkel erahnen. Sich dann, nach dem Tod des geliebten Menschen, „unbedeutend" zu fühlen, die nun unumkehrbare Einsamkeit in aller Intensität zu spüren, zu erleben, drängt existentielle Sinnfragen für Trauernde immer wieder in den Vordergrund. Gerade hierin wird für mich deutlich, wie wichtig es ist, die betroffenen Menschen, Sterbende wie Angehörige, wohlwollend zu umsorgen und mitfühlend zu begleiten.

Wenn wir auf unsere ca. 4,6 Milliarden Jahre alte Erdgeschichte zurückschauen und auf die Jahrmillionen, die nach uns wohl sein werden – relativieren sich dann die wenigen Sommer, die wir auf dieser Erde verbringen dürfen?

> *„Hast du Angst vor dem Tod?" fragte der kleine Prinz die Rose. Darauf antwortet sie: "Aber nein. Ich habe doch gelebt, ich habe geblüht und meine Kräfte eingesetzt, soviel ich konnte. Und Liebe, tausendfach verschenkt, kehrt wieder zurück zu dem, der sie gegeben. So will ich warten auf das neue Leben und ohne Angst und Verzagen verblühen."*
>
> Antoine de Saint-Exupéry, Der kleine Prinz

Gerade weil das Leben vergänglich ist, wird es kostbar. In der Auseinandersetzung mit Sterben und Tod entdecken wir nicht Dunkelheit, sondern Klarheit. Und vielleicht ist es diese Klarheit, die uns dem Leben näher bringt als alles andere.

7 Kann ich mich mit dem Tod versöhnen?

Gefühle und Aussagen von Trauernden:

> *„Wenn ich heute noch sehe und spüre, was mein lieber Mann Gutes bewirkt hat, wie viel Liebe er in die Welt gebracht hat, dann versöhnt mich das ein Stück weit mit dem Tod. Ähnlich einem Stein, den man ins Wasser wirft, werden die Wellen seiner Liebe und seines Tuns weiter getragen. Es ist mir sogar ein Anliegen, es ihm gleich zu tun "*

In dieser Aussage einer Trauernden liegt der Schlüssel zur Versöhnung mit dem Tod, denn dieser nimmt nur den Körper – aber nicht die Liebe. Die Angst vor dem Tod ist ein natürlicher Instinkt und biologisch begründet. Diese Urangst ist und war eine der Triebfedern der Religionen und ist ein geeignetes Instrument, um die Gläubigen zu halten und zu führen. In meiner Arbeit als Sterbebegleiter treffe ich immer wieder auf Menschen, die große Ängste vor dem Fegefeuer äußern. Diese überkommene ‚Drohung' wirkt leider immer noch beträchtlich nach.

Zentral bei der Konfrontation mit dem Tod ist die Bewusstwerdung der Tatsache, dass die Verstorbenen ‚für immer' von uns gegangen sind – und dennoch immer Teil unseres Lebens bleiben werden und auch bleiben *dürfen*!

Die Appelle wie: *„Du musst loslassen"* sind nicht hilfreich. Die Menschen versuchen auf diese Weise, Trost zu spenden. Dazu später mehr im Kapitel VII.

Menschen in den letzten Tagen des Lebens beschäftigen sich oft mit folgenden Fragen:

» Wird mir vergeben oder kann ich vergeben, bin ich versöhnungsbereit?

» Was habe ich in meinem Leben versäumt?
» Was habe ich (noch) nicht geregelt?
» Wird man sich an mich erinnern?

Bei Menschen, die diese Fragen für sich beantwortet oder geklärt haben, rückt die Angst vor dem Tod in den Hintergrund.

Geschichte über die Unausweichlichkeit des Todes

Verabredung in Samarra

Einst, viele, viele Jahre ist es her, lebte in Bagdad ein Händler. Der trug seinem Diener auf, nach dem Markt zu gehen, damit er Waren einkaufe. Als nun der Diener zurückkehrte, war er bleich und verstört und seine Hände zitterten. Er sagte: „Herr! Als ich für Euch auf dem Markt war, damit ich Waren kaufe, da spürte ich plötzlich den Blick eines Fremden. Und als ich mich umwandte, sah ich in der Menge den Tod. Mit schwarzen Augen sah sie mich an und mit einer furchtbaren Geste zeigte sie auf mich. Oh, Herr! Leihe mir dein Pferd! So schnell ich kann will ich nach Samarra eilen. Dort wird der Tod mich nicht finden. Und so kann ich meinem Schicksal entfliehen."

Der Händler gab dem Diener das Pferd und dieser schwang sich in den Sattel, riss an den Zügeln und schlug dem Pferd die Fersen in die Flanken und, den spritzenden Sand unter den Hufen, galoppierte er die Straße hinab, die nach Samarra führt. Nun ging der Händler selbst auf den Marktplatz. Und als er dort ankam, sah er den Tod zwischen den Menschen stehen und er sprach sie an. Er sagte: „Warum machtest du jene furchtbare Geste gegen meinen Diener heute Morgen?"

Der Tod antwortete: „Ich habe nichts dergleichen getan. Ich war überrascht, ihn hier zu sehen, auf dem Markt in Bagdad, wo ich doch eine Verabredung habe mit ihm heute Nacht in Samarra."

William Somerset-Maugham

8 Gibt es ein Leben ‚nach' diesem Leben?

Gefühle und Aussagen von Trauernden:

„Manche Leute glauben an ein Leben nach diesem Leben, an eine Ewigkeit, aber ich kann sie mir nicht vorstellen. Wenn ich aber unsere Welt anschaue, die aus so vielen kleinen und großen Wundern besteht – dann möchte ich auch an dieses Wunder glauben."

„Wir werden es nie wissen, wir können in diesem Leben nicht in die Unendlichkeit schauen. Trotzdem möchte ich auf die Unendlichkeit unserer Liebe vertrauen."

„Ich denke, dass der Tod das absolute Ende ist, damit habe ich aber auch kein Problem. Mein Mann hat seinen Frieden, das kann ich gut annehmen. Aber die Lücke, die er hinterlässt und meine Einsamkeit, verursachen solch riesige Schmerzen, mit denen ich erst umgehen lernen muss."

9 Ist die Liebe stärker als der Tod?

Gefühle und Aussagen von Trauernden:

> *„Zwei der stärksten Triebfedern im Leben sind die Angst und die Liebe! Die Angst, nicht geliebt zu werden, Alleine zu sein oder zu sterben. Das Schlimmste, was mir wohl passieren konnte, ist mir passiert. Ich habe das Sterben meines Mannes erlebt, bin alleine und werde nicht mehr geliebt. Die Kraft der Liebe, die ich aber immer noch spüre, macht mir Mut und ja, manchmal spüre ich dadurch eine Kraft, die stärker ist als der Tod. Diese Kraft hilft mir, nicht wegzulaufen, alles zu leugnen oder zu überdecken. Unsere Liebe bleibt über das Leben hinaus lebendig."*

Schaffen wir es, tief in uns zu verankern, dass unser geliebter Mensch in unserem Herzen bleiben wird, seine Träume und Pläne, sein Wirken und seine ganze Liebe? Dann ist die Liebe *der Weg* über den Tod hinaus.

Kapitel III

Rückschau, Wegsuche, (Neu-)Orientierung

10 Wie ist die Zeit der Trauer für mich?
11 Wie kann ich mein Leben wieder finden?
12 Können wir das, was uns genommen wird, als Geschenk betrachten?
13 Kommen eines Tages meine Kräfte wieder?
14 Wie lebendig fühle ich mich?
15 Finde ich den Weg?

10 Wie ist die Zeit der Trauer für mich?

Aussagen und Gefühle von Trauernden:

„Ein scheinbar unendlich langer Prozess“

„Verletzlichkeit, schmerzhafte Zeit“

„Mangelnde Belastbarkeit“

„Ein einsamer Weg, Zeit der ‚Alleinsamkeit‘“

„Intensive Präsenz und Empfindlichkeit“

„Zeit der durchkreuzten Pläne, alle Illusionen sind dahin“

„Die Zeit, die den Begriff ‚nie mehr‘ rechtfertigt“

„Zeigt mir klar und unerbittlich die Vergänglichkeit“

Aber auch:

„Ich kann die Trauer nur annehmen, akzeptieren und durchleben – so wie ich auch die Liebe annehmen durfte.“

„Die Trauer bearbeitet mich, nicht ich sie.“

„Das Ereignis kann akzeptiert werden, wenn ich irgendwann die Kraft dazu finde.“

„Die Trauer kann wie ein guter Freund umarmt werden.“

„Vermutlich habe ich die Trauer bewältigt, wenn ich sie annehmen und ins Leben integrieren kann.“

„Es wird mir besser gehen, wenn die Lebensfreude wiederkommt, weil die Dankbarkeit überwiegt, ich die Trauer annehmen kann und dadurch neue Perspektiven finde."

Beim Besuch in einer Kindertrauergruppe war ich, bei aller Schwere, doch fasziniert über die „Normalität" und „Leichtigkeit", wie Kinder mit ihrer Trauer umgehen. Sie machen es mit der Trauer wie mit den Pfützen: sie springen unbedarft hinein, aber auch plötzlich wieder hinaus.

Wir Erwachsenen flachen die Wellen ab, aus Angst, sie nicht auszuhalten, anstatt dem Schmerz ins Auge zu schauen.

Es wird eine schwierige Gratwanderung und Lernaufgabe sein, wieviel Schmerz ich zulasse oder verdränge, wie ich mit ihm umgehe, und wann Ablenkung nötig ist. Man darf sich erlauben, wieder Freude und Glück zu empfinden, dies hätte auch der geliebte Mensch gewollt.

Intuitiv neigen wir dazu, zunächst den scheinbar einfacheren Weg der Verdrängung zu wählen. Doch mit jeder Verdrängung aktivieren wir einen inneren Schutzmechanismus, der uns vor emotionaler Überforderung bewahren soll. Es ist, als würden wir unsere Gefühle auf ein Minimum herunterfahren. Dadurch werden nicht nur traurige, sondern auch freudige Emotionen abgeschwächt – sie prallen an eine inneren Schutzmauer ab.

Doch wir müssen immer härter kämpfen, wenn wir uns der Trauer verschließen und die starke Frau oder den starken Mann spielen. Durch diesen Kampf drohen wir zu verbittern und vergeben uns die Chance, an unserem Leiden zu wachsen.

Zudem hat sich in Studien gezeigt, dass Schuldzuweisungen (an mich selbst oder andere), Grübeln und Gefühlsunterdrückung die Einsamkeit fördern. Neige ich dann auch noch dazu, keine Hilfe von anderen anzunehmen, wird sich die Einsamkeit eher weiter verfestigen.

11 Wie kann ich mein Leben wieder finden?

Aussagen und Gefühle von Trauernden:

> *„Manchmal ist es fürchterlich still, so still, als ob die Welt den Atem anhält. Dann frage ich mich, ob ich noch lebe. Ja, ich lebe und doch muss ich, inmitten meines Lebens, mein Leben suchen."*

> *„Manchmal spüre ich meinen Herzschlag wieder und bin mit jedem Schlag mit meinem Liebsten verbunden, das ist meine Brücke zu ihm. Er war so voller Freude, Lebenslust, Humor und Zuversicht und wenn er mich jetzt sehen würde, wäre er sehr traurig, wie ich verzweifelt auf der Suche nach dem Leben bin. Ihm zuliebe werde ich weiter nach meinem Leben suchen."*

Trauernde können sich anfangs kaum vorstellen, dass die Trauer sie jemals wieder verlässt. Stellt sich dann später überraschend trauerfreie Zeit ein, kann sogar Angst aufkommen, dass die Trauer tatsächlich verschwinden könnte.

Hier ist es hilfreich, wenn man sich rechtzeitig eine ‚Schatzkiste mit Erinnerungsstücken' bewahrt. Das Leben, wie es früher war, lässt sich nicht wiederfinden. Hier bleibt nur ein Ziel, auch wenn es anfangs unerreichbar erscheint: das neue Leben finden und es in allen Facetten *annehmen.*

12 Können wir das, was uns genommen wird, als Geschenk betrachten?

Natürlich ist diese Frage sehr provokant. Sie soll den Fokus darauf lenken, dass alles seine Zeit hat und alles vergänglich ist. Trotz des Schmerzes über diese Vergänglichkeit findet man zu gegebener Zeit die Kraft, in dankbare Erinnerungen einzutauchen.

Gefühle und Aussagen von Trauernden:

> *„Nein, den Verlust werde ich wohl niemals als Geschenk betrachten können. Das einzige Geschenk, das ich als Geschenk betrachten kann, ist das Gute, das war, die Liebe, die ich erfahren durfte – dafür bin ich unendlich dankbar!"*

> *„Ich bin als Person sicherlich durch die Geschehnisse gewachsen und gereift, und ich würde nicht wieder der Mensch sein wollen, der ich vor drei Jahren war. Den Verlust als Geschenk zu betrachten, würde aber zu kurz greifen. Die Ambivalenz, dass mit Tod und Trauer, all dem Schmerz und der Verzweiflung, eben auch das Positive wie Liebe und Wachstum einhergeht, zeigt für mich in erster Linie, wie künstlich unsere Kategorien von „gut/schlecht", „Verlust/Geschenk", „Glück/Unglück" sind. Das sind nur mentale Konstrukte, die Wirklichkeit existiert in den Zwischentönen, und so ist der Tod genauso wie das Leben beides: Verlust und Geschenk zugleich."*

> *„Lange Zeit sah ich es eher als Strafe, dass er mich hier zurück gelassen hat. Er war meine Mitte und ich war immer für ihn da. Das habe ich doch nicht verdient? Wenn ich mir, mit viel Phantasie, diese Schmerzen als Geschenkpapier denke, dann kann ich mir vorstellen, dass auf lange Sicht gesehen darunter etwas Kostbares zum Vorschein kommt. Vielleicht hatte ich während unserer gemeinsamen wundervollen Zeit gar nicht die Gelegen-*

heit, die vielen Eindrücke wirklich zu begreifen und dankbar zu sein. Ob die Zeit, die vor mir liegt, auch ein Geschenk sein kann, weiß ich allerdings auch nicht, noch fürchte ich mich davor.“

Manche sagen, dass der Verlust uns erst bewusst macht, wie kostbar die gemeinsame Zeit war – und dass diese Erinnerung selbst ein Geschenk ist.

13 Kommen eines Tages meine Kräfte wieder?

Gefühle und Aussagen von Trauernden:

> *„Seit ich mir vorgenommen habe, auf Kleinigkeiten zu achten, für die ich dankbar sein kann, und ich mich auch auf die winzigste Lebendigkeit, die manchmal aufblitzt, konzentriere – habe ich Hoffnung, dass meine Kräfte wiederkommen."*

> *„Vielleicht kommen die Kräfte wieder – vielleicht wachsen mir aber auch andere, bisher unbekannte Kräfte. Ich fühle mich jedenfalls lebendiger und stärker als zu Beginn der Trauer, doch eine innere Leere bleibt, die ich bildlich in einem unendlich weiten, grauen Ozean fassen würde. So etwas wie Unbeschwertheit ist wohl dauerhaft verloren gegangen, aber dafür ist alles ein bisschen weiter, tiefer und intensiver geworden. Selbst in der Trauer kann ich inzwischen etwas Schönes finden."*

Vertrauen sie darauf: Die Kräfte kehren zurück. Vielleicht nicht morgen, vielleicht nicht nächste Woche – aber sie kommen. Lassen Sie dem Prozess Zeit, denn jede Seele hat ihren eigenen Takt. Indem Sie der Trauer Raum geben, öffnen Sie die Tür für neue Stärke. Nach und nach wird sich zeigen, was bereits in Ihnen liegt: Kraft, Fähigkeit, Dankbarkeit, Resilienz.

14 Wie lebendig fühle ich mich?

> *„Die Trauer löste eine unglaubliche Leere aus. Ich fühlte das Leben nicht mehr. Nichts hatte noch einen Sinn. Nach einem von vielen langen Spaziergängen in der Natur saß ich auf einer Bank, sah den Fluss, die Berge, die Wälder, hörte die Vögel und fühlte die warme Sonne auf meiner Haut. Und da spürte ich für einen Augenblick das Leben, eine Wärme und Freude erfüllte mein Herz und ich wusste in diesem Moment: das Gefühl, dass ich lebe, fühle und frei atme, wird irgendwann wiederkommen und den unendlichen Schmerz des Verlustes überwinden."*
> *Angela Holzmann*

Anders gefragt: Ist ein Teil von mir ‚mitgestorben'? Wenn ja – Welcher Teil?

Dies ist eine Frage, der man sich ruhig offen stellen kann. Manche Menschen erschrecken über diese Frage – und doch ist vielen die Antwort unterbewusst schon klar.

Die Folgefrage ist nun: Welchen Wert will ich den anderen Teilen, die gerne leben möchten, zugestehen?

In der Trauer wirkt Lebendigkeit oft widersprüchlich: Man funktioniert, doch innerlich herrscht Stille. Und gerade darin wird das Leben manchmal intensiver spürbar – in einem Lied, einem Sonnenstrahl, einem Blick.

15 Finde ich den Weg?

Im Labyrinth des Lebens

Ein Labyrinth symbolisiert wundervoll die Suche nach dem Kern unseres Lebensweges. Die vielen Ereignisse und Schicksale, die das Leben mit sich bringt, fordern uns immer wieder auf, neue Wege zu beschreiten.

Es stellt sich nicht die Frage, ob wir „richtig“ oder „falsch“ gehen, sondern nur, ob wir gehen. Im Gehen kommen wir zur Selbsterkenntnis und finden, was in uns verborgen ist.

Wenn wir erkennen, wie wir auf unserem Lebensweg voranschreiten, beginnen wir Vertrauen zu uns selbst zu fassen. An vielen Wegpunkten fragen wir nach dem Sinn und finden manchmal unvermittelt einen anderen Sinn. Sind wir zu schnell unterwegs, verpassen wir vielleicht wichtige Wendepunkte.

Wenn Sie einmal die Gelegenheit haben, ein Labyrinth zu begehen, könnten Ihre ersten Fragen sein:

Möchte ich überhaupt loslaufen? Habe ich ein Ziel, ein Motiv?
Diese Fragen sollten wir uns öfters im Leben stellen. Denn wir sind ständig am Orientieren, Ankommen, Aufbrechen und Umkehren – und kommen letztlich auch immer weiter.

Fragen Sie sich am Startpunkt: Welchen Wegabschnitt möchte ich heute gehen? (Mein ganzes Leben, meine Partnerschaft, meine Trauerzeit, meinen künftigen Weg, usw.). So bieten sich mehrere Durchgänge mit unterschiedlichen Perspektiven an. Lernen wir auf den langen stillen Strecken, auf unser Innenleben zu horchen …

Mögen Sie den Mut haben, Ihren Weg immer wieder weiterzugehen!

Der Weg beginnt mit dem Loslassen.
Er mündet in Gelassenheit.
Gelassenheit heißt Leben aus der Mitte.
Wird das Leben als Irrgarten betrachtet,
ist der Fehler ein unnötiger Umweg und vergeudete Zeit.
Ist das Leben ein Labyrinth, dann ist jeder Fehler Teil des Weges
und ein unerlässlicher Lehrmeister.

Gernot Candolini

Kapitel IV

Wie finde ich Trost, Hoffnung oder Sinn?

16 Gibt es Hoffnung oder Sinn?
17 Was gibt mir Trost?
18 Helfen Rituale bei der Trauer?
19 Ist Trauer für mich die überflüssigste Erfahrung meines Lebens?

16 Gibt es Hoffnung oder Sinn?

Gefühle und Aussagen von Trauernden:

> *„So schön und bunt das Leben mit meiner lieben Frau war, ihr Tod lässt meine Welt plötzlich grau und sinnlos erscheinen, obwohl sich die Welt nicht verändert hat. Ich kann es gar nicht fassen, wie das Treiben um mich herum scheinbar unverändert weiter geht."*

> *„Nach dem Tod unseres Sohns ging mir jeglicher Sinn verloren. Aber ich habe gelernt, dass wir unser Potential nie voll ausleben. Es gibt immer unendlich viel mehr Möglichkeiten, als wir ergreifen können. Ich versuche den Sinn nun darin zu finden, mich des Lebens wieder zu bemächtigen. Die Lebenslust, die unser lieber Sohn hatte, seine warmherzige, uneingeschränkte Offenheit und seine Liebe, auch zu den kleinsten Dingen, ist mir dabei Inspiration und Vorbild."*

> *Hoffnung ist nicht die Überzeugung,*
> *dass etwas gut ausgeht*
> *sondern die Gewissheit,*
> *dass etwas Sinn hat, egal wie es ausgeht.*
> Vaclav Havel

Für die Trauernden steht zunächst der Verlust im Vordergrund – und dieser erscheint sinnlos. Mitunter bleibt nur das Hinnehmen der Sinnlosigkeit.

Einen Sinn im Verlust zu finden, wird daher nur schwer möglich sein. Doch den Sinn in das eigene Weiterleben zu finden – das wird die Aufgabe des Trauernden sein.

Die Herausforderung besteht eben darin, auch in der zunächst scheinbaren Sinnlosigkeit ein Ziel oder eine Aufgabe zu finden.

Für den ein oder anderen kann es durchaus tröstlich sein, sich zu verinnerlichen, wie sinnvoll das Leben des geliebten Menschen war, um daraus Kraft und Mut für das eigene Weiterleben zu finden. Die Sinne (wieder) zu aktivieren (bewusst hören, sehen, riechen, fühlen und schmecken) ist ein vortreffliches Mittel, den Sinn im eigenen Leben wieder zu finden. Auch Meditation oder die Konzentration auf den eigenen Atem zu richten, sind bewährtes Mittel, um die Sinne zu sensibilisieren.

Praxistipp:

» Fünfmal Ausatmen, um dann wieder von vorn zu beginnen. Also einfach den Atem zählen.

» Nach jedem Ausatmen kurz anhalten, bevor der Reflex zum Einatmen kommt.

» Zum „Beobachter der eigenen Gedanken“ werden, aufmerksam registrieren welche Gedanken als nächstes auftauchen. Diese Gedanken werden dann begrüßt – und wieder beendet.

Durch das Atmen bringt man sich zurück in seinen Körper, wodurch man plötzlich wieder in einer „Jetzt-Zeit“ ist. Das Schreckliche an der Trauer ist ja, dass man das Hier und Jetzt meidet, weil man da ohne den geliebten Menschen ist. Aber auch alles, was sich in der Vergangenheit abspielte, schmerzt entsetzlich; und die Zukunft ist voller Schmerzen, weil man sich immer die Zukunft ohne den anderen vorstellen muss.

Das bewusste Atmen gibt Gelegenheit, den „Grübelhamster“ einen Moment lang abzuschalten (oder zumindest bewusst zu beobachten). Wenn wir es nun noch schaffen, die Konzentration darauf zu lenken was wir „sind“ und „können“, statt auf das, was uns fehlt, haben wir eine große Wegstrecke zurückgelegt.

Für viele Menschen wird die Frage nach dem Sinn des Lebens lange nicht beantwortbar bleiben. Kann man es dennoch schaffen, mutig in den Fluss des Lebens einzutauchen, ohne sich von der Sinnfrage gedrängt zu fühlen? Dies kann Trost spenden.

17 Was gibt mir Trost?

Gefühle und Aussagen von Trauernden:

> *„Würde ich die Begegnung mit meiner Partnerin rückgängig machen wollen, wenn ich könnte, um den Verlustschmerz nicht erleiden zu müssen? Natürlich nicht, trotz aller schwierigen, einsamen, dunklen Momente der Trauer, ist der gemeinsam verbrachte Lebensabschnitt ein Geschenk, das ich immer in Ehren halte und von dem ich bis zu meinem letzten Atemzug zehren werde. Für mich ist das der Beweis dafür, dass die Liebe stärker ist als der Tod und alle mit ihm verbundenen Schrecken. Darin kann ich Trost finden."*

Wichtige Ansätze und Fragen zur Selbsthilfe:

» Wo finde ich Trost-Orte oder andere Quellen des Trostes?
» Was gibt mir Trost? Wonach kann ich Ausschau halten?
» In welchen Momenten fühle ich mich lebendig und gut?
» Was wünsche ich mir von meinen Mitmenschen in puncto Trost?
» Was ist mir wirklich wichtig? Wie wichtig bin ich mir selbst?
» Wie wichtig sind mir die Mitmenschen? Ist es tröstlich, andere nach meinen Möglichkeiten zu unterstützen?

Immer wieder gilt es jedoch auszuhalten, untröstlich und kraftlos zu sein. Doch darin steckt eine große Chance: Trostlosigkeit achtsam wahrzunehmen und ganz bewusst zu durchleben, – genau dies kann zu einer Quelle des Trostes werden und ist Teil des Weges. Der (sich oft schmerzhaft anfühlende) Weg ist notwendiger Teil des Verarbeitungsprozesses.

18 Helfen Rituale bei der Trauer?

Was ist ein Ritual überhaupt, praktizieren wir es bewusst oder unbewusst, oder ist es einfach nur Gewohnheit? Was ist der Sinn von Ritualen, sind sie hilfreich oder Zwang?

Für viele Trauernde bringen Rituale eine sichere und notwendige Struktur im Trauerprozess. Sie spielen eine ganz wesentliche, stabilisierende und heilsame Rolle und sind daher klar zu befürworten.

Durch die zunehmende Auflösung traditioneller (religiöser) Rituale entsteht oft Unsicherheit. Daher ist es hilfreich, wenn sich Trauernde ihre eigenen Rituale schaffen, in denen sie sich sicher fühlen. Das sind zum einen Alltagsrituale, die in kleinen Handlungsabläufen vollzogen werden, das sind aber auch persönliche Rituale, die als Reaktion auf den Verlust neu entwickelt werden. Der Gang auf den Friedhof, Kerzen anzünden und vor allem die Jahrestage „achtsam" zu begehen, kann sehr hilfreich sein. Wer keine Unterstützung durch die Familie hat, tut gut daran, an diesen Tagen jemanden um eine Begleitung zu bitten.

Wenn es an der Zeit ist, kann es tröstend sein, die allgegenwärtigen Erinnerungen zu Hause gegen eine „Trauer-Ecke" (oder -Zimmer) einzutauschen und diese bewusst aufzusuchen, bei Bedarf oder zu gewissen Zeiten. Eine wunderbare Idee ist es auch, eine Schatzkiste mit Erinnerungen zusammenzustellen.

Denken Sie darüber nach, werden Sie sich Ihrer Rituale bewusst! Begehen Sie Rituale achtsam und mit Respekt. Dies schenkt Ihnen die Freiheit, mit ihnen weiter zu wachsen – und Veränderungen, die dadurch entstehen, bewusster wahrzunehmen.

> *Möge meine Trauer*
> *in einer freien Verbundenheit*
> *und in einer verbundenen Freiheit münden*
> Verfasser unbekannt

19 Ist Trauer für mich die überflüssigste Erfahrung meines Lebens?

Gefühle und Aussagen von Trauernden:

„Das Ereignis war schmerzhaft, aber die Trauer möchte ich nicht missen, denn sie verbindet mich mit meinem geliebten Menschen. Im Schmerz steckt auch die Liebe."

„Sie ist ein wichtiger Gegenpol zu dem unwichtigen Getue im Leben."

„Sie gehört zu meiner lehrreichsten Zeit. Ich weiß nun, was Menschlichkeit und Mitgefühl bedeuten."

„Es relativiert sich so vieles. Was meinte ich früher, was alles wichtig wäre!"

„Sie bringt mir eine Besinnung auf das wirklich Wichtige."

„Heute bezeichne ich es als eine wichtige 'Ausnahmezustandserfahrung'."

Wie sehr wir uns doch ein Leben ohne Schmerz, Verlust und ohne Sorgen wünschen. Doch wie real ist dieser Wunsch? Wir werden immer wieder auf den Augenblick zurückgeworfen, daher ist nur das „Jetzt" relevant. Die Vergangenheit lässt sich nicht zurückholen, und die Zukunft ist reine Spekulation und Wunschdenken. Was folgt daraus?

Trauerarbeit bedeutet, sich immer wieder weg von der Vergangenheit oder Zukunft hin zum gegenwärtigen Augenblick zu bewegen. Sich klar zu werden, dass der Schmerz nicht sinnlos ist, sondern eine Bewusstwerdung auslöst. Diese beginnt mit den Fragen: Was steckt hinter meiner Trauer? Was verursacht sie?

Wir finden auf diesem Weg eine Begegnungsebene mit dem geliebten Menschen – die Möglichkeit, ihn zu spüren und mit ihm in den Dialog zu treten. Liebe bleibt die verbindende Brücke.

Kapitel V
Wie geht das Leben weiter?

20 (Wie) kann meine Trauer bewältigt werden?
21 Verändert sich der Schmerz?
22 Habe ich Angst, etwas zu verlieren, wenn die Trauer weniger wird?
23 Wieder alleine leben?
24 Glück als Sinn des Lebens – oder durch Trauer geschmälert?

20 (Wie) Kann meine Trauer bewältigt werden?

Gefühle und Aussagen von Trauernden:

> *„Die Kraft, die mich durch diese Zeit trägt, ist etwas Geheimnisvolles, größer und stärker als ich selbst, stärker als meine Mitmenschen – und ist doch in ihnen lebendig, greifbar und teilt sich mir durch sie mit. Und wenn mich etwas durch diese Zeit trägt, heißt das, dass diese schwere Zeit auch irgendwann und irgendwie vorübergeht."*

> *„Zu Beginn meiner Trauer war da die Wut, unendliche Wut. Aber ich wusste gar nicht wohin damit, das war furchtbar. Dann half mir jemand suchen, was eigentlich hinter meiner Wut steckte. Dahinter zeigte sich eine riesige Hilflosigkeit, die ich nicht wahrhaben wollte. Als ich mir diese eingestand und den Schmerz, der dahinterstand, an mich heranlassen konnte, durfte ich einen Schritt weitergehen auf meinem Trauerweg."*

> *„Alleine hätte ich das so nicht bewältigt, ich war froh, Menschen an meiner Seite zu haben, die mir in vielen Gesprächen geholfen haben, diese „neue" Realität zu verstehen. Über den Tod hatte ich mir bislang wenig Gedanken gemacht. Die vielen Gespräche über die Endlichkeit, die Akzeptanz auch meiner eigenen Endlichkeit hat mir geholfen. Diesen abgedroschenen Kalenderspruch „Carpe Diem" nehme ich nun doch ernster. Und ich ergänze ihn heute für mich in: Ich lebe meinen Tag!"*

> *„Ich fühle, dass das Leben langsam, leise und unmerklich zurückkehrt – und nimmt einen neuen Gang, kommt jedoch überhaupt wieder in Gang. In der Trauergruppe von anderen zu hören, dass auch sie ihr schweres Schicksal „überlebt" haben, hat mir geholfen. In dieser Schicksalsgemeinschaft spürte ich, nicht alleine zu sein."*

Ansätze zur Bewältigung

» Was hat mir in der Vergangenheit in anderen schwierigen Situationen geholfen, mich besser zu fühlen, womit konnte ich mir Gutes tun? Schaffe ich es, die Kraft der guten Erinnerungen zu bemühen? (Sammeln und Auskosten von glücklichen und wohltuenden Ereignissen).

» Wie schaffe ich es, den Tag zu strukturieren, mich nicht nur treiben zu lassen?

» Wandern, Tanzen, Malen, Schreiben, Musizieren, Töpfern, ins Tun kommen (*Flow*, Verschmelzen mit Tätigkeit).
Anregung zum Malen: Andrea Böttler verfasste ein ansprechendes Gedicht über die „Farben der Trauer". Zu finden unter: (https://www.festpark.de/folio/1340-farben-der-trauer)

» Für manche Trauernde ist es hilfreich, ein Trauertagebuch zu führen. Schreiben kann helfen, Stresshormone abzubauen und es führt zu einer besseren Wahrnehmung dessen, welche Aktivitäten oder Maßnahmen Erleichterung verschaffen und was gemieden werden sollte.

» Wohltuende Einstellungen und Eindrücke suchen. Die Natur wahrnehmen. Besinnung auf die eigenen Stärken.

» Über den Sinn für die kleinen Dinge des Lebens zum Lebenssinn finden. Wenn mein Leben sinnlos („Sinn-los") erscheint sind meine Sinne nicht aktiv. Dann kann ich versuchen, diese zu aktivieren (die Wärme der Sonne, Geräusche, Gerüche, Natur, usw. wahrnehmen).

» Soziale Kontakte zulassen, um Trost finden zu können. Mich dem Glück (und wenn die Kraft wieder da ist, auch dem Leid) der Mitmenschen zu öffnen: Gutes für andere tun. Mitgefühl annehmen und geben!

» Dankbarkeit suchen, finden und spüren. Dies nicht nur für sich selbst zu denken, sondern tiefinnerlich zu spüren, braucht Zeit.

» Der Trauer ausreichend Raum geben, sie zu leben, damit sie mich ein Stück weit verwandeln kann. Die Trauer *bejahen*, denn sie ist so etwas wie die Kommunikation mit dem Verstorbenen.

» Welche Sicht habe ich auf die „Leichtigkeit des Seins"? Verbiete ich mir selbst das Lachen? Wie war mein Leben früher, was hat mein Leben damals „lebenswert" gemacht?
» Im Gespräch bleiben, denn Mitgefühl annehmen und sich mitteilen zu können, ist sehr hilfreich im Umgang mit der Trauer. Offen darüber zu sprechen erfordert Mut, Geduld und Zuversicht.
» Sorgsamer Umgang mit den eigenen Gedanken. Wege finden aus dem Gedankenstrudel durch Schulung der Achtsamkeit. Erste Notwendigkeit, wenn ich einen Ausweg suche: Konzentration auf den Atem, achtsames Wahrnehmen. Notfalltipp bei Angst oder Stressattacken: Länger aus- als einatmen. Dies ist ein ebenso einfaches wie hilfreiches Mittel; versuchen Sie es.
  Dabei gilt es auch zu erkennen, wenn wir den „Kreislauf unserer Gedanken" selbst befeuern. Durch *negative Gedanken* („... es wird nie wieder besser ...") fühlen wir uns niedergeschlagen, dies kann zu körperlicher Schwäche führen. Ziehen wir uns nun noch von anderen Menschen zurück, denken wir wiederum es wird nie wieder besser, fühlen uns alleingelassen, usw.

Ganz bewusst *schönen Gedanken* und Erinnerungen nachzugehen ist wiederum durchaus hilfreich. Auch Selbstgespräche sind ein wirksames Mittel, denn all die zunächst verworrenen, negativen und zermürbenden Gedanken werden mit dem tatsächlichen Aussprechen ihre Schwere verlieren.

„Inseln der Leichtigkeit" zu finden ist wichtig, um Kraft zu tanken.
Es kann helfen, sich auch freudigen Situationen zu widmen und nicht von vornherein in eine Abwehrhaltung zu gehen. Es ist einfach schön, folgendes zu erleben: das Lächeln, das sie anderen Menschen schenken wird zu einem Lächeln, das sie dem Verstorbenen widmen. Es gilt:

Das Lächeln das Sie aussenden, kehrt zu Ihnen zurück!

Dies alles ist kein ‚Werkzeugkasten' und kein Muss; erwarten Sie also keine Wunder und bleiben Sie geduldig.

Es gibt keine fertigen Rezepte oder gar Zeitvorgaben, ob, wie oder wann die Trauer sich wandeln wird. Jeder Mensch geht seinen eigenen Weg, in seiner eigenen Zeit.

Es kostet Überwindung und Kraft sich um Hilfe zu bemühen. Scheuen Sie sich bitte nicht, Kontakt mit örtlichen Trauergruppen, Trauerbegleiterinnen oder Psychotherapeuten aufzunehmen -oder die Telefonseelsorge anzurufen: **Tel. 0800 1110111**

Die örtlichen Hospizvereine bieten mitunter Trauerbegleitung oder verfügen meist über Kontaktadressen. Es gibt auch einen Bundesverband der Trauerbegleitung, dazu mehr unter: https://bv-trauerbegleitung.de/.

21 Verändert sich der Schmerz?

Gefühle und Aussagen von Trauernden:

> *„Nach drei Jahren Trauer kann ich sagen: Ja, der Schmerz verändert sich, und er lässt auch insofern nach, als dass die Momente „harten" Schmerzes, solche, die kaum zu ertragen sind und in denen alles aussichtslos scheint, weniger werden. Der Trauerschmerz hat, so wie die Nostalgie, immer auch etwas „Schönes", weil in ihm die Liebe steckt, und dieser Aspekt tritt im Laufe der Zeit stärker hervor. Es bleibt bei mir derzeit ein fundamentaler „Grundschmerz" bestehen, der zu einem wesentlichen Kern meiner Persönlichkeit geworden ist und mein ganzes Tun und Denken beeinflusst."*

Wie ich lernte, den Schmerz zu verstehen

„Meine Welt ist vor neun Monaten stehen geblieben. Ich hätte das nicht für möglich gehalten. Ich war stark, ich habe funktioniert, ich hatte ein funktionierendes Leben. Und dann das. Ein Freund stirbt. Von einem Augenblick auf den anderen ist nichts mehr, wie es war. Der Tod meines Freundes war eine Zäsur. Er warf mich aus der Bahn.

Wenn mir Menschen versicherten, dass es mir wieder besser gehen würde, wollte ich schreien. Nach dem Tod ihres Mannes schrieb Sheryl Sandberg: Echtes Mitgefühl erkennt den Schmerz über den Verlust an. So war es auch die Aussage einer Freundin, die mich in der ersten Zeit am meisten tröstete. „Das ist schlimm", sagte sie, „ganz, ganz schlimm." Sie hielt die Leerstelle, den Nachklang dieses Satzes aus und ich war ihr dankbar dafür.

Es gibt Menschen, die eine Struktur brauchen, um nach einem solchen Ereignis weiterleben zu können. Bei mir war das Gegenteil der Fall. In meinem Inneren herrschte ein nie erlebter Ausnahmezustand, und ich spürte eine furchtbare Diskrepanz nach außen hin. Ich hielt es kaum aus, dass ich aß und sprach und schlief, dass ich einkaufen ging und mein Bett machte. Ich hatte das Gefühl, ich müsste versehrt sein, körperlich. Es quälte mich, dass man mir mein Leid nicht ansah. Ich konnte mit dieser unsichtbaren Wunde nicht leben, ich musste das Außen dem Innen angleichen, um nicht zu verbluten.

Funktionieren war eine Selbstverständlichkeit.

Doch zunächst verstand ich dieses Bedürfnis nicht. Ich vertraute ihm nicht. Die ersten Monate bekämpfte ich es. Versuchte, weiter zu funktionieren. Auf meine Versuche folgten Nervenzusammenbrüche, Krankschreibungen und weitere Versuche. Eine endlose Kette aus Wollen und Nichtkönnen. „Warum glauben Sie, dass Sie funktionieren müssen?", fragte mich meine Therapeutin. Ich wusste mit dieser Frage nichts anzufangen. Weil Funktionieren müssen eine Selbst-Verständlichkeit war. Weil ich niemanden kannte, der monatelang einfach ausfiel. Weil ich offene Trauer eigentlich gar nicht kannte. Ich fühlte mich schuldig, weil andere scheinbar besser mit dem Verlust ihnen nahestehender Menschen zurechtkamen. Zweifelte daran, dass der Tod eines Freundes eine solche Wucht rechtfertigte. Ich hatte immer das Gefühl, mein Gegenüber von meinem Leid überzeugen zu müssen, anstatt das Offensichtliche zu sagen: „Es geht mir nicht gut."

Nach drei Monaten gab ich auf. Mein Arbeitgeber sicherte mir eine Krankheitsvertretung für die nächsten sechs Monate zu. Ich legte mich ins Bett und schaute eine Pferdeserie. Acht Staffeln lang, gut sechstausend Minuten, jede Folge mit einem Happy End. Darüber hinaus tat ich nichts von dem, was ich vorher getan hatte. Ich versuchte, durch jeden Tag zu kommen. Alles verlangsamte sich.

Es gab Menschen in meinem Umfeld, die das kritisch sahen. Sie sorgten sich, ob eine derart intensive Form der Trauer gut sein könne. Manche verstanden rundheraus nicht, was ich da tat. „Menschen sterben eben. Was machst du denn den ganzen Tag?", war nur eine von vielen Reaktionen, die oftmals so heftig ausfielen, dass ich glaubte, die Menschen fühlten sich durch das, was sie als Nichtstun wahrnahmen, provoziert. Ich hatte dem nichts entgegenzusetzen, ich wusste nur, dass ich keine Wahl hatte.

Der Schmerz veränderte seine Gestalt.

Irgendwann fing ich an, zu akzeptieren, dass ich nicht sagen konnte, wann es mir wieder besser gehen würde. Dass es keine Rolle spielte, welche Zeitspanne ich oder andere Leute für angemessen hielten, um ins Leben zurückzukehren. Dass Trauer (und Trauerarbeit) eigenen Regeln folgt und sich nicht beschleunigen lässt, auch wenn sie gut begleitet wird. Die Dinge setzten sich in Bewegung.

Der Schmerz wanderte umher, suchte sich neue Plätze und veränderte seine Gestalt. Kam und ging in Wellen. Ich fing an, zu heilen.

Und ich tat noch etwas anderes. Ich setzte mich zum ersten Mal mit der Vergänglichkeit auseinander, mit meiner eigenen Vergänglichkeit und der aller Menschen, die mir etwas bedeuten. Ich hatte das Gefühl, tatsächlich zum ersten Mal zu wissen, dass wir alle sterben würden.

Es war die Art von Wissen, die sich nicht beiseiteschieben lässt. Ich versuchte, zu verstehen, wie Leben im Angesicht des Todes möglich ist, und fing an, zu lesen, auf der Suche nach etwas, ohne genau zu wissen, wonach. Bis ich vor einigen Tagen diesen Satz in einem Buch von Irvin D. Yalom entdeckte: „Es gibt Menschen, die sich erlauben, dem Tod authentisch zu begegnen und seinen Schatten in den Kern ihrer Existenz zu integrieren." Genau das war es, was ich instinktiv getan hatte, was ich immer noch tue.

Heute frage ich mich, wie es sein kann, dass ich vorher so wenig über die Formen und Mechanismen von Trauer wusste. Ich habe oft darüber nachgedacht, was gewesen wäre, wenn ich keinen Grund für meine Depression gehabt hätte. Wie viel schwerer es mir gefallen wäre, zu sagen: „Ich funktioniere nicht, und ich weiß nicht, warum." Wie viel Scham damit verbunden gewesen wäre. Und wie absurd es ist, dass wir dafür einen einzigen gesellschaftlich anerkannten Begriff erfunden haben: Burnout.

Erst als ich anfing, über meine eigene Kapitulation, über mein eigenes Nichtfunktionieren zu sprechen, erzählten mir die Menschen von ihren Krisen. Von ihren Verlusten, ihren Depressionen, davon, plötzlich nicht mehr leben zu können.

Vielleicht wäre mir einiges von dem, was ich in den letzten Monaten erlebt habe, leichter gefallen, vielleicht hätte ich gewusst, dass es keine offizielle Rechtfertigung braucht, um in eine Krise zu stürzen und dass es keinen Maßstab dafür gibt, wie verheerend Leid ins Leben einbrechen kann."
Von Caroline Kraft (https://endlich.cc)

Die Schilderung von Caroline Kraft zeigt eindrücklich, dass Trauerarbeit langwierige Prozesse mit sich bringt und wir nicht nur einfach ‚die-Zeit-vergehen-lassen' müssen. Manche Trauernde sagen, dass es die schwerste Herausforderung in ihrem Leben war. Es sei absolute Höchstleistung, diese Schmerzen zu durchleben und daran zu wachsen.
Mit dem Schmerz umzugehen ist die schwierige Lernaufgabe für alle Trauernden. Zusammengefasst heißt das, den Schmerz wahrzunehmen, ihn zu lokalisieren und zuzulassen. Dann gilt es Wege zu finden, um dem Schmerz Ausdruck zu verleihen und zu verstehen, dass der Schmerz die andere Seite der Liebe ist. Wesentlich ist die Sichtweise: Trauer ist nicht das Problem, sondern die Lösung: *Trauer ist der Spiegel der Liebe.*

22 Habe ich Angst, etwas zu verlieren, wenn die Trauer weniger wird?

Gefühle und Aussagen von Trauernden:

„Ja, ich hatte anfangs große Angst davor, die gefühlte Nähe zu meiner geliebten Partnerin zu verlieren, wenn die Trauer weniger würde. Inzwischen glaube ich aber, dass die Trauer nie ganz verschwinden wird – was auch gut so ist, denn durch die Trauer bleibt die Verbundenheit. Die Trauer ist die Form, die meine Liebe nach dem Tod angenommen hat."

„Vielleicht bekomme ich ein schlechtes Gewissen, wenn ich die Trauer vergesse? Manchmal habe ich das Gefühl, ich würde mich schuldig machen, wenn ich mein Leben unbeschwert leben würde."

„Ich überlege ich mir schon, ob ich dem Tod nicht zu viel Raum gebe und mich zu weit vom Leben entferne. Mein Leben wird immer trostloser und gleichzeitig entferne ich mich weiter von meiner verstorbenen Frau. Wäre sie gerührt oder würde sie eher die Hände über dem Kopf zusammenschlagen über meine vergeblichen Anstrengungen, sie durch Erinnerungen quasi am Leben zu halten?"

„Ich frage mich, ob es lebenswert ist, nur noch in den Erinnerungen, in alten Bildern und ohne Hoffnung zu verharren. Hoffentlich hört diese Orientierungslosigkeit und dieses Pendeln zwischen Vergangenheit und Gegenwart irgendwann auf. Aber was kommt dann, was habe ich dann noch?"

Nach einiger Zeit treten Phasen auf, in denen Trauer und Schmerz weniger und seltener werden. Dies kann die Sorge hervorrufen, dass die Trauer alles war, was nach dem Tod des geliebten Menschen übrig zu bleiben schien. Es hilft, einen sicheren *inneren* Trauerort zu finden, in dem der geliebte Mensch gut aufgehoben ist. Mehr hierzu finden Sie in dem Buch von Roland Kachler „Meine Trauer wird dich finden“.

23 Wieder alleine leben?

Gefühle und Aussagen von Trauernden:

„Neuerdings drängt sich mir, begleitet von einem schlechten Gewissen, ein trotziger Überlebenswillen auf. Dann sage ich mir, ich habe ein Recht auf mein eigenes Leben, ich will die restlichen Tage noch leben, auch wenn das Schicksal mit meinem geliebten Menschen etwas anderes vorhatte. Jeder hat sein eigenes Schicksal."

„Natürlich gibt es Momente der Einsamkeit, und dagegen hilft nur der Kontakt zu anderen Menschen. Mir ist es jetzt wichtig, offen zu bleiben für neue (Liebes-) Beziehungen, auch wenn ich den Glauben daran schon fast verloren habe. Wenn so etwas Unvorstellbares wie Tod ins Leben treten kann, warum sollen dann nicht noch andere, positive Überraschungen auf mich warten? Grundsätzlich fühle ich mich aber gar nicht alleine, denn die Beziehung zwischen uns bleibt ja bestehen, wenn auch auf andere Weise. Eine Beziehung ist immer mehr als die Summe ihrer Teile, und wenn einer stirbt, dann lebt die Verbundenheit im anderen weiter."

„Ich habe mich mit meiner Trauer in der Geschichte „Zwei Bäume im Park, von Doris Wolf" sehr gut wiedergefunden. Ich hatte meinen Partner seit frühester Jugend und wir hatten uns hervorragend ergänzt. Egal welche Herausforderungen, Jahreszeiten mit Stürmen, Kälte oder Sonne, wir haben uns gegenseitig vervollständigt, geschützt und miteinander entwickelt und sind so miteinander alt geworden. Nun kann ich gar nicht glauben, dass dieser andere Baum nicht mehr da ist und ich ungeschützt mein Leben verbringen soll. Ich fühle mich nackt und hilflos, und merke erst jetzt, wieviel Schutz mein Partner mir gegeben hatte."

„Auf der Seite, die mir jetzt fehlt, bin ich angreifbar, hilflos allem ausgesetzt. Nun ist es wohl genauso meine Aufgabe, auf der ungeschützten Seite neue Äste wachsen zu lassen. Den Platz habe ich ja, mich jetzt auszubreiten. Vielleicht kann auch ich irgendwann erzählen, dass ich es geschafft habe, die Lücke allmählich auszufüllen. Das ist jetzt fraglos meine Aufgabe."

„Bei aller Taubheit und Distanz die ich empfand, brach tatsächlich ein Bedürfnis nach Nähe und Sexualität bei mir durch. Dieses Gefühl beschämte und befremdete mich zutiefst. Einerseits habe ich doch die Aufgabe, am Leben zu bleiben. Andererseits stand ich vor einer seltsamen Frage: Verrate ich die Beziehung zu meinem geliebten Mann, wenn ich dem Wunsch nach Nähe nachgebe?"

„Von einer neuen Partnerschaft möchte ich überhaupt nichts wissen und kann mir auch für die Zukunft keine vorstellen. Es würde die Liebe zu meiner Frau schmälern und das könnte ich nicht ertragen."

Bei allem Schmerz und aller Empfindungslosigkeit kann eine neue Liebe zu einer Erweckung, zu einer plötzlichen Lebensbejahung, inmitten der ständigen Beschäftigung mit dem Tod führen. Und umgekehrt kann der Rückzug von zwischenmenschlichen Beziehungen den Raum für eine wohltuende Weiterentwicklung öffnen.

Bei manchen Trauernden verringert sich das Bedürfnis nach Sexualität und bei anderen kann dies verstärkt empfunden werden. Beides kann sehr belastend oder irritierend werden. Wesentlich jedoch bleibt auch hier, offen mit der eigenen Befindlichkeit umzugehen und sie zu akzeptieren. Der Wunsch nach Nähe, Körperlichkeit, Sexualität in der Trauer ist oft mit Scham belegt und wird leider kaum besprochen.

Wie Irvin Yalom in seinem Buch „Unzertrennlich" beschreibt, trauen sich viele Menschen selbst in therapeutischen Gesprächen eher nicht über dieses Thema zu sprechen. Dabei ist es für viele Trauernde eine Erleichterung darüber sprechen zu können und zu erfahren, dass diese dass diese Wünsche und Sehnsüchte ‚normal' sind.

24 Glück als Sinn des Lebens – oder durch Leid geschmälert?

Durch die hohe Erwartungshaltung und die ständigen Vergleiche in unserer schönen neuen Welt, machen wir uns das Leben oft schwer. Unsere „Glücks-Erwartungen“ werden durch Massenmedien und Werbung in unerreichbare Höhen geschraubt und bewirken letztlich überzogene Erwartungshaltungen. Diese vermitteln uns oft die Illusion, dass wir ein Anrecht auf Glück und Gesundheit hätten.

Dies wurde mir erneut bewusst, als ich erlebte, wie Angehörige vollkommen entsetzt waren über den „frühen“ Tod des 76-jährigen Vaters. Nicht einmal zumindest das Durchschnittsalter von 78 Lebensjahren erreicht zu haben, schien ihnen ein Betrug oder aber ein Versagen der Medizin zu sein.

Y.N. Harari schreibt in seinem Buch:

„Kann es sein, dass Glück eben nicht darin besteht, unterm Strich mehr glückliche als unglückliche Momente zu haben?
Vielleicht bedeutet Glück vielmehr, das Leben als Ganzes sinnvoll und lohnend zu erleben. Da wir Glück mit angenehmen Empfindungen verwechseln oder auf angenehmen Empfindungen aufbauen, versuchen wir, es durch Konsum zu steigern.“

Zu unserer Jagd nach dem Glück durch die schönen Empfindungen oder dem Fernhalten des Schmerzes schreibt er:

„... Es erinnert an einen Mann, der sein Leben lang am Meeresufer steht und verzweifelt versucht, die „guten“ Wellen fest und die „schlechten“ fernzuhalten. Tagein, tagaus steht er am Strand und verliert bei dieser sinnlosen Übung fast den Verstand. Irgendwann setzt er sich hin und schaut einfach zu, wie die Wellen kommen und gehen. Welcher Frieden!“ Auszüge aus „Eine kurze Geschichte der Menschheit“, Y.N. Harari, Seite 476-483

Wenn man genau hinschaut, ist die Ursache des Leids also nicht unbedingt gleichzusetzen mit der Empfindung von Schmerz. Leid kann besonders durch überhöhte Erwartungen und das Nichtakzeptieren der Realität verschlimmert werden.

Schmälern wir also unser Glück selbst durch Leid?

Zuerst gilt es den Unterschied von Leid und Schmerz zu definieren: Schmerz ist eine Sinneswahrnehmung (körperlich oder emotional), Leid hingegen eine geistige Wahrnehmung. Daher leidet jeder Mensch unterschiedlich. Der Schmerz selbst ist unvermeidbar, er gehört zum Leben. Das Leid kann jedoch durch die Auflösung von Verstrickungen gelöst werden. Je nachdem, wie ich über ein bestimmtes Geschehen nachdenke, verstricke ich mich *mehr oder weniger* in Leid.

Durch Nichtakzeptieren der Umstände oder überzogene Erwartungen bringen wir dem Leid Widerstand und Ablehnung entgegen. Wenn ich immer wieder den Arzt der falschen Behandlung beschuldige, oder gar dem Verstorbenen (z.B. weil er nicht zur Vorsorgeuntersuchung ging), erzeuge ich bei mir selbst Leid. Die Weigerung unser Schicksal anzunehmen, führt uns also in einen Teufelskreis.

Jetzt wandelt sich die 'Warum Frage', mit welcher dieses Buch begann, in die Fragen, „Was macht mich letztlich glücklich, worin finde ich meinen Sinn, welche Erwartungen habe ich und wofür will ich dankbar sein?"

Die Beantwortung dieser Fragen kann helfen das Leid zu verringern und dies ist die Grundlage, um Glück empfinden zu können.

Das Problem dabei: Der Mandelkern (Amygdala), ein Teil des limbischen Systems in unserem Gehirn, folgt nicht dem Ziel, uns glücklich zu machen; er ist darauf ausgerichtet, Gefahren und Risiken aller Art zu wittern. Hier sitzt die Zentrale für die Empfindung von Angst, – über Jahrmillionen hinweg ein Schlüssel zum Überleben. Glück hingegen ist kein Selbstläufer der Evolution, sondern eine bewusste Entscheidung, ein Zustand, den wir kultivieren müssen. Es liegt in unserer Verantwortung, dem Leben mit all seinen Unsicherheiten und Ängsten auch Sinn und Freude zu geben.

Kapitel VI
Selbstreflexion

25 Habe ich ein Recht auf meine Trauer?
26 Wird sich meine Trauer verändern?
27 Waren meine Erwartungen an das Leben zu hoch?
28 Fühle ich mich schuldig?
29 Wie werde ich geduldig?
30 Was bleibt, wenn scheinbar nichts mehr bleibt?

25 Habe ich ein Recht auf meine Trauer?

Gefühle und Aussagen von Trauernden:

„Diese dummen Sprüche und die hilflosen Aufforderungen, ich solle meine Trauer dann doch mal beenden, kann ich inzwischen stehen lassen. Genauso wenig wie ich eine Liebe einfach beenden kann, kann ich auch meine Trauer und meine Tränen einfach beenden. Und welche Zeit ich benötige, damit klar zu kommen, liegt allein in meiner Hand."

„Es ist meine Ratlosigkeit, meine Einsamkeit, meine Dunkelheit und mein Schmerz. Also auch mein Recht auf Traurigkeit!"

„Anfangs hat es mir sehr zu schaffen gemacht, wie diejenigen, die es gut mit mir meinten, mir unbedingt und sehr massiv aus meiner Trauer heraushelfen wollten. Nachdem ich verstanden habe, dass sie sich durch meine Trauer selbst bedroht fühlten, kann ich diese „Hilfsversuche" leichter zurückweisen und brauche nicht mehr die „Glückliche" zu spielen. Das führte leider soweit, dass ich einen Freund verloren habe, weil er seine eigene eingeschlossene Angst nicht erkennen wollte. Da frage ich mich dann schon, ob er nur sich selbst und gar nicht mir helfen wollte?"

Gerade wenn man Freunde am dringendsten braucht, suchen manche das Weite oder verhalten sich seltsam, vielleicht sogar unmöglich. Solche Erfahrungen können gelegentlich zu einem unangenehmen Begleitumstand der Trauer werden. Es ist durchaus hilfreich, sich zurückzuerinnern, wie man mit Trauernden umgegangen ist, bevor man selbst von diesem Schicksal getroffen wurde. Vielleicht erinnert man sich dabei auch an die eigene Hilflosigkeit im Umgang mit der Trauer des anderen.

Manchmal meinen Trauernden selbst, ihre Freunde trösten zu müssen. Oder sie sind der Überzeugung, sie dürften ihrer Familie, den Freunden und der Öffentlichkeit ihre Trauer nicht zumuten, oder schämen sich gar ihrer Trauer.

Es stimmt nachdenklich, zu sehen, wie sich trauernde Menschen mit immenser Kraftanstrengung zurückhalten und ihren ‚inneren Stausee der Tränen' füllen. Weshalb verlangen unsere gesellschaftlichen Regeln ein ‚Funktionieren in der Öffentlichkeit'?

Selbstbeherrschung, Verleugnung der Trauer oder gar gespielter Optimismus scheinen gängige Praxis zu sein, die nicht hinterfragt wird. Die Redewendung *„Er hat es mit Fassung getragen"* zeigt, wie es in unserer Gesellschaft honoriert wird, wenn man anderen Menschen seine Trauer nicht zumutet. Man verdrängt das Erlebte, gilt als tapfer und braucht sich nicht zu schämen. Die mediale Welt hingegen streamt das ‚Ausleben der Gefühle' im Großformat in die Wohnzimmer. Jede Träne eines enttäuschten Fußballfans wird herausgezoomt.

Bei verdrängter Trauer staut sich mitunter ein innerer Zorn auf, der zu Verhärtungen und scheinbarer Herzlosigkeit führt. Ein selbstkritischer Blick (und die Suche nach Rat) kann hier helfen, nicht unnötig in Isolation zu geraten.

Trauer als unbewusstes Machtmittel?

Bei allem ‚Recht auf Trauer' gilt es zu bedenken, dass Trauer auch als Machtmittel benutzt werden kann:

Manche Trauernde begeben sich – ohne dessen gewahr zu sein – in eine ‚Opferrolle'. Das Versorgen, Umsorgen und Abnehmen wichtiger Entscheidungen durch Freunde, Familie oder Nachbarn, insbesondere in der ersten Zeit der Trauer, ist entlastend, ja oft wohltuend und erleichternd.

Dieses Gefühl des ‚Versorgt-Werdens' kann betörend sein. Wenn die Aufmerksamkeit der Umwelt nachlässt, kann dies Angst auslösen. Es fühlt sich dann an, wie ein erneuter Verlust. Um diesem nicht ausgesetzt zu sein, behält der Trauernde das Mittel hierzu – die Trauer – am Leben. Sie wird zur Gewohnheit, wird vom Trauernden kaum mehr hinterfragt und etabliert sich auf diese Weise im Alltag.

Diese Trauerrolle kann sehr einnehmend sein und entsteht unbewusst. Fatalerweise kann sie in ungewollter Einsamkeit enden, weil man gemieden wird, ohne dass den Betroffenen die Hintergründe klar sind.

Gefühle und Aussagen von Trauernden:

„Heute denke ich, dass mein ‚Festklammern an der Trauer' auch ein Stück weit damit zu tun hatte, dass ich mich meinem künftigen 'anderen' Leben nicht stellen wollte. Ich hatte schlicht eine riesige Angst, mich so alleine meinem Leben zu stellen und war gewissermaßen auf der Flucht vor meiner eigenen Zukunft. Seit ich dies erkannt habe und mich dieser Angst stelle, sehe ich ein Licht am Ende des Tunnels."

26 Wird sich meine Trauer verändern?

Ja, je nachdem wie weit ich auf dem Weg fortgeschritten bin, und inwieweit ich inneren Frieden und Dankbarkeit gefunden habe. Wie zu Beginn erwähnt, ist eine genaue Prüfung sinnvoll, worüber ich trauere: Verlust von Zärtlichkeit, gemeinsame Aktivitäten und Rituale, Gewohnheiten, Anerkennung, Geborgenheit und Sicherheit. Es mag manch einen überraschen, doch sogar Streitereien und Konflikte werden vermisst.

Folgende Fragen könnten nach längerer Trauerzeit gestellt werden:

- » Welche Veränderungen zu früher kann ich feststellen, was ist anders?
- » Verunsichert mich eine Veränderung der Trauer?
- » Was sagt mein geliebter Mensch zu einer Veränderung? Wie könnte er mir helfen?
- » Oder aber, falls sich nichts ändert, was ist gut daran, warum soll es so bleiben?
- » Wie fühlt es sich an, wenn sich Schmerz und Trauer hin zu Dankbarkeit wandeln?
- » Kann ich mir vorstellen (und wie würde es mir gehen), wenn sich der ‚schwere Fels der Trauer' zu einem hellen Edelstein in meinem Herzen wandeln würde?

Trauer hat nicht nur mit dem Verstorbenen zu tun, sondern immer auch mit uns selbst, mit der Frage: Wer bin ich JETZT ohne den Verstorbenen? Dieser Frage weichen wir nur zu gerne aus!

Trauer ist eine Zeit
in der ich aufhöre zu sein wer ich war,
um zu werden wer ich bin!
John Green: Das Schicksal ist ein mieser Verräter

27 Waren meine Erwartungen an das Leben zu hoch?

Gefühle und Aussagen von Trauernden:

> *„Ich denke, mein Schmerz und meine Sehnsucht produzierten eine Illusion. Ich wünschte mir meine alte Welt zurück, schürte damit aber Erwartungen, die nicht in Erfüllung gehen konnten. Mir dies klarzumachen, war ein langer Prozess, ich musste mühsam lernen, meine neue Welt zu akzeptieren."*

Unerfüllte Hoffnungen und Wünsche hinterlassen einen bitteren Geschmack. Sie produzieren weiteres Leid. Hier gilt es zu erkennen, dass Schmerzen zum Leben gehören und dass es hilfreich ist das Schicksal in Demut zu akzeptieren.

Hilfreiche Affirmation:

> *Ich übe mich in Demut und akzeptiere bereitwillig, was außerhalb meiner Macht steht.*

Die Botschaft lautet: Wir sind nur ein winziger Teil im Kreislauf des Lebens und Sterbens, doch zugleich auch ein wichtiger.

> *Herr, gib mir den Stolz,*
> *mich selbst für unendlich wichtig zu nehmen,*
> *die Bescheidenheit,*
> *mich selbst für unendlich unwichtig zu halten,*
> *Und die Weisheit,*
> *die rechte Zeit für beides zu erkennen.*
> Thea Dorn: Trost. Briefe an Max

28 Fühle ich mich schuldig?

Schuldgefühle – erkennen, verstehen, annehmen

Ob geliebte oder ungeliebte Angehörige verstorben sind: oft wird die Trauer durch Schuldgefühle oder Schuldzuweisungen begleitet, seien sie berechtigt oder unberechtigt.

Vielleicht erlebt sich der Trauernde selbst als Schuldiger – weil er meint, gegenüber dem Verstorbenen etwas versäumt zu haben. Vielleicht fühlt er sich schuldig für etwas, was nun nicht mehr entschuldigt werden kann. Manchmal wird schon das eigene Weiterleben als Schuld wahrgenommen. Auch das ‚Weiter-Funktionieren' im Alltag kann als Zeichen ‚Nicht-Echter' Liebe für den Verstorbenen empfunden werden – und damit Schuldgefühle auslösen.

Und umgekehrt: Vielleicht stand der Verstorbene zu Lebzeiten in einer Schuld gegenüber dem Trauernden. Ein Konflikt, eine unglückliche Ehe, eine ungeklärte, tiefe Verletzung. Der Trauernde erinnert diese Schuld – und ist durch den Tod gezwungen, auf Antworten, Erklärungen und Versöhnung zu verzichten.

Wenn Trauernde Schuld empfinden oder zuweisen kann dies – allerdings nur kurzfristig – ein hilfreiches Ventil sein, den Druck der Hilflosigkeit, der Machtlosigkeit und des Schmerzes für den Moment erträglicher zu machen. Zur Klärung der eigenen Position kann es durchaus hilfreich sein, dem Leid, dem Ärger, der Ohnmacht auch schriftlich Ausdruck zu verleihen. Doch wenn die Schuldzuweisungen dauerhaft auftreten – gegen äußere Umstände, Personen oder gegen uns selbst – entsteht eine Vorwurf-Spirale, die zermürbend und destruktiv ist.

Eine erste Frage, wenn wir uns dem Thema Schuld nähern: ‚Brauche' ich die Schuld, hilft das? Oder kostet es mich nur Kraft?

In einem nächsten Schritt kann ich erkennen, dass es hilft, mich auf den Weg der Versöhnung zu begeben.

Schuldgefühle – Verzeihen, vergeben, loslassen

Wenn etwas unverzeihbar scheint, dann beginnt erst die Kunst des Verzeihens. Verzeihen muss nicht bedeuten, etwas gutzuheißen oder gar als ungeschehen zu betrachten. Verzeihen ist einzig der Verzicht auf eine Bestrafungslogik und auf üble Nachrede. Die Schuld des Verursachers bleibt trotzdem bestehen. Verzeihen heißt also nicht vergessen – sondern mit der Verletzung leben zu lernen.

Wenn ich jemandem vergebe, gebe ich die Last der Tat an den Verursacher zurück und entscheide mich dazu, mich selbst nicht mehr von ihr belasten zu lassen.

Um Vergebung bitten bedeutet im Umkehrschluss, die Verantwortung für meine Handlung auf mich zu nehmen und den anderen Menschen darum bitten das zu vergeben, was ich ihm angetan habe.

Vergeben und um Vergebung bitten ist eine schwere Übung – umso mehr, wenn der andere Mensch nicht mehr da ist und somit keine Reaktion mehr zeigen kann.

Hier kann der Austausch mit einer ‚höheren Macht' helfen – das Gespräch mit einer Respektsperson: Psychotherapie, Trauerbegleitung, Beichtgespräch. Auch das Schreiben eines Briefes an den Verstorbenen, das Gespräch mit ihm/ihr kann hilfreich sein.

Dankbarkeit und Versöhnung

Der Appell „Sei dankbar und zufrieden" kann zunächst als nicht-tröstend empfunden werden. Denn zuerst gilt es, den Verlust ausreichend zu würdigen. Erst danach ist der Weg zur Dankbarkeit geebnet. Es dauert seine Zeit, die Dankbarkeit nicht nur im Kopf zu denken, sondern im Inneren zu empfinden. Eine tiefe Dankbarkeit entsteht erst nach einem langen und schmerzhaften Prozess der Erinnerungsarbeit ‚von innen heraus‘.

Es ist eine große Herausforderung, sich mit eigenen Schuldgefühlen zu versöhnen. Hierfür ist es hilfreich, eigene Grenzen anzuerkennen und sein Schicksal in Demut anzunehmen.

Was kann mir auf diesem Weg helfen?

» Akzeptieren, dass wir nicht schuldlos durchs Leben kommen.
» In Betracht ziehen, dass ich verzeihen beziehungsweise vergeben möchte! Dem zur Seite steht die Bereitschaft zu erkennen, ob ich mich an eine Opferrolle klammere und darin verharre.
» Übernommene Glaubenssätze und moralische Dogmen in Frage stellen.
» Um Vergebung bitten.
» Wegweisend hierfür sind Achtsamkeit, Mitgefühl und Demut.

> *An Zorn festhalten ist wie Gift,*
> *welches wir selbst nehmen und hoffen,*
> *dass der andere daran stirbt.*
> Wird Buddha zugeschrieben

Die Geschichte zeigt, wie viele Menschen und Gesellschaften in Endlosschleifen der Rache gefangen sind. Dabei wäre eine radikale Vergebung oftmals die einzige Lösung für so viele „Rache-Spiralen“, die über Generationen weitergegeben werden und das Leid fortwährend am Laufen halten.

29 Wie werde ich geduldig?

Um Schuld zu überwinden braucht es auch Geduld.
Geduld ist wohl eine der schwierigen, aber auch wichtigen Lektionen.
In unserer modernen Welt verlieren wir die Fähigkeit, Geduld zu üben.
Geduld, die unstillbaren Sehnsüchte ertragen zu lernen, ist Teil des Trauerweges.

Was könnten die Schlüssel zur Geduld sein?

- Der erste Schritt ist das Annehmen, das Akzeptieren der Situation. Nicht akzeptieren zu können, ist häufig mit einem Vorwurf gegen uns selbst verbunden. Wir werfen uns vor, das Schicksal nicht aufgehalten zu haben: Nicht genug Unterstützung angeboten zu haben, zu wenig Rücksicht genommen zu haben, usw.
- Hilfreich ist, sich in Demut zu üben. 'Demütig-Werden' ist der Schlüssel dafür 'Akzeptieren' zu können: Das Unveränderbare als solches hinzunehmen, und es schließlich annehmen zu können.
- Akzeptieren wir unsere Ungeduld. Ungeduld ist eine sehr menschliche Eigenschaft und sie hat uns im Alltag durchaus auch schon ein Weiterkommen ermöglicht. Also: Geduld mit der Ungeduld!

30 Was bleibt, wenn scheinbar nichts mehr bleibt?

… unseren Lebensweg hoffnungsvoll weiter zu beschreiten! Leid erkennen, Schmerz zulassen, Versöhnung mit Schuldthemen erlangen, Dankbarkeit und Vertrauen entwickeln: Das ist der Weg um wieder zum eigenen Leben zu finden.

Auch wenn der Trauerweg lange und intensiv durchwandert wurde, werden die Fragen nicht enden. Vielleicht stehen Sie auf Ihrem weiteren Lebensweg vor folgenden Fragen:

Wann ist die wichtigste Zeit im Leben?

Wer ist der wichtigste Mensch?

Was ist die wichtigste Sache, die zu tun ist?

Was wäre die Botschaft des verstorbenen Menschen an mich?

Was ist der Sinn meiner Existenz?

Mit welchen Gedanken möchte ich eines Tages sterben?

Für manche Trauernde mögen dies Reizfragen sein und doch lohnt es sich auch hier genauer hinzuschauen.

Kapitel VII
... vom weiteren Umgang mit Trauer

31 Wie sollte man mit Trauernden (nicht) umgehen?
32 Hilfreiche Verhaltensweisen gegenüber Trauernden
33 Erschwerte Trauer und unbewusste Ursachen
34 Zitate
35 Segen der Trauernden

31 Wie sollte man mit Trauernden (nicht) umgehen?

Tipps für hilfreiche Angehörige, Freunde und Bekannte.

Die wichtigste Verinnerlichung möchte ich so beschreiben:

Voll und ganz anzuerkennen,
dass Trauernde etwas aushalten müssen,
was nicht auszuhalten ist!

Viele Trauernde stehen vor der Mammutaufgabe, ein ganz neues Selbstbewusstsein aufzubauen.

Es ist nicht einfach, sich klar zu werden, wer man nun ist, und ohne Rückendeckung klar zu sagen, was man fühlt. Es geht oft über die Kräfte hinaus, sich gegen unsensible Kritiker zur Wehr zu setzen.

Tröstversuche, die nicht hilfreich sind:

» *„Gut, dass er/sie es geschafft hat."* Diese Floskel spricht das Recht auf Trauer ab!
» *„Du hast ja noch das andere Kind."* Man kann den Schmerz nicht relativieren!
» *„Aus jedem Unglück entsteht ein Sinn"* oder *„Das macht dich stark".* Dies sind Ratschläge aus Hilflosigkeit!
» *„Ich weiß, wie du dich fühlst."* Wertet die Trauer anderer ab! Eigene Trauererfahrung aufdrängen tröstet gar nicht!
» *„Ach, wie schlimm muss es dir gehen."* Mitleid beschämt, Mitgefühl hilft! Mitleiden ist der falsche Weg! Schwierig kann es werden, wenn Menschen mit eigenem Trauerschmerz andere versuchen zu trösten! Zwei Nichtschwimmer können sich nicht gegenseitig retten.
» *„Jetzt denken wir nicht mehr dran."* Trauernde werden immer daran denken!

» *„Wird schon wieder."* Es wird nie wieder wie es war!
» *„Mach das Beste draus."* Leichtfertig gesagter Spruch aus der Verdrängung heraus. Es kann nichts besser gemacht werden!
» *„Es ist ja jetzt schon ein Jahr vorbei."* Es gibt keine feste Zeitspanne, in der die Trauer schwindet!
» Auf die Aussage, *„Du trauerst ja immer noch"* finde ich folgende Antwort sehr passend: *„Ja, er/sie ist ja auch immer noch tot!"*
» *„Wie geht es dir?"* –Eine Frage, die Trauernde oft sprachlos macht. Wer einen geliebten Menschen verloren hat, begegnet ihr immer wieder: *„Wie geht es dir?"* – eine scheinbar einfache Frage, die plötzlich schwer zu beantworten ist. Denn was soll man sagen?
› Dass der Schmerz kaum auszuhalten ist?
› Dass man funktioniert, obwohl innerlich alles stillsteht?
› Oder einfach *„gut"*, um das Gespräch nicht zu belasten?

Viele Trauernde spüren in solchen Momenten eine tiefe Unsicherheit: Wie ehrlich darf ich sein? Möchte mein Gegenüber wirklich wissen, wie es mir geht – oder erwartet er eine höfliche Floskel?

Gerade in dieser emotionalen Ausnahmesituation können Rückfragen eine überraschend klärende und entlastende Wirkung entfalten:
» *„Was würdest du gerne hören?"*
» *„Was möchtest du gerne hören, die kurze oder die lange Variante?"*

So gelingt es, die eigene Überforderung auszudrücken, ohne sich sofort erklären zu müssen. Sie öffnet Raum für echte Begegnung – oder schützt, wenn Worte gerade nicht möglich sind.

Auch in Zeiten der Trauer darf Kommunikation behutsam und wahrhaftig sein. Niemand muss funktionieren. Es genügt, einfach da zu sein – mit allem, was gerade ist. Und manchmal braucht es bewusst provokante Worte, um sich innerlich gestärkt und widerstandsfähig zu fühlen.

32 Hilfreiche Verhaltensweisen gegenüber Trauernden

Am einfachsten ist es, die eigene Sprachlosigkeit einzugestehen. Wenn Sie *keine* Antwort auf die Fragen der Trauernden haben und dies auch noch aushalten, leisten Sie gute Dienste. Ohne Worte ‚zur Seite stehen', ist besser als leere Worte.

» Beistehen, aushalten und in der Praxis Unterstützung leisten.
» Berührung hilft (Einverständnis vorausgesetzt).
» Halt durch Weiterführung von Gewohnheiten.
» Nicht auf ‚Trauernde' reduzieren!
» Respekt und Demut vor den Trauernden.
» Geduld und Vertrauen auf deren eigene Ressourcen, Vertrauen in ihre Kraft und ihr eigenes Tempo auf ihrem eigenen Trauerweg.

Der Spruch „Ruf mich an, wenn du mich brauchst" ist gut gemeint, aber manche Trauernde haben einfach keine Kraft anzurufen. Eine Alternative ist: *„Ich ruf am Sonntag mal an, wenn du nicht magst, geh einfach nicht dran. Wie auch immer – ich bin gerne für dich da."*

33 Erschwerte Trauer und unbewusste Ursachen

Viele Fragen und Hinweise in diesem Buch werden bei erschwerter Trauer ins Leere laufen. Diese ist dann wahrscheinlich, wenn sich nach längerer Zeit keine Veränderungen einstellen, oder sich eine Depression entwickelt.

Frühere 'Herzensbrüche', Verletzungen, nicht gelebte Trauer und weitergegebene Traumata aus der Familiengeschichte brechen in Krisenzeiten verstärkt auf und führen mitunter zu heftigen Reaktionen. Übernommene und biografisch weitergegebene Verhaltensmuster und Glaubenssätze machen uns das Leben schwer. Viele Moralvorstellungen und Leiden gründen auf Missverständnissen und festgefahrenen Denkmustern.

Auch ein bisher ‚nicht gelebtes Leben' kann zu erschwerter Trauer führen. Eine fehlende Lebensperspektive führt zu einer Sinnentleerung des eigenen Lebens. Gerade bei Beziehungen in starker Abhängigkeit stirbt mit dem Partner meist der bisherige Sinn für das eigene Leben.

Die Ursachen der erschwerten Trauer zu erkennen und anzugehen, bedarf oft professioneller Hilfe. Gehirnforscher und Psychologen reden davon, dass wir uns nur mit 3 % Bewusstheit steuern, wir also zu 97 % von unserem Unterbewusstsein gesteuert werden. So können wir erahnen, warum wir uns manchmal schwertun, uns selbst zu verstehen.

Das Wissen, die Erkenntnis darum, dass tiefliegende Gründe zu erschwerter Trauer führen können, sind bereits erste Schritte in die Heilung. Die Heilung unverarbeiteter Erfahrungen, Verletzungen, Traumata bedarf langwieriger Arbeit. Der Mut, dies anzugehen und sich professionelle Hilfe zu suchen wird damit belohnt, dass diese Themen ihren Platz in der eigenen Biographie finden können. Und somit auch nach und nach die Trauer.

In dem Fluss, in dem wir schwimmen, sehen wir nicht auf den Grund.
Die eigene innere Befindlichkeit liegt eher auf unserem blinden Fleck.

Deshalb fällt es vielen schwer, den Moment zu erkennen, in dem therapeutische Hilfe notwendig wird. Viele quälen sich oft über lange Zeit, bevor sie den Schritt wagen, Unterstützung zu suchen. Hier ist Mut gefragt – mögen Sie den Mut finden, sich auf diesen Weg einzulassen – und sich die Hilfe zuzugestehen, die Sie wirklich brauchen.

34 Zitate

„Der Flüchtigkeit trotzen.
Nicht im Gedanken gleich weiterreisen und auch
nicht mit der Vergangenheit verhaftet bleiben.
Die Kunst, anzukommen.
An einem, nur einem Ort zur selben Zeit zu sein.
Ihn mit allen Sinnen wahrnehmen.
Seine Schönheit, seine Einzigartigkeit.
Sich überwältigen lassen, ohne Furcht.
Die Kunst, zu sein, wo man ist!“
Jan-Philipp Sendker: Das Herzenhören, München: Heyne Verlag, 2002.

„Kann man sein Schicksal IRGENDWANN als eine Aufforderung an sich selbst sehen, das eigene Leben nicht aufzuschieben, sondern in allen Facetten zu leben und sich zu öffnen?“
Verfasser unbekannt

„Wenn man sich in Situationen bewegen muss, die nichts anderes bieten als Unbestimmtheit und Schwierigkeiten und in denen es nur wenig Hoffnung gibt, diese zu bewältigen, so liegt die Gefahr nahe, dass man durch die Flucht in einen anderen Bereich in eine „Falle“ gerät und sich von der Realität ganz abkapselt.“
Dietrich Doerner: Bauplan für eine Seele, 2. Aufl. Reinbek bei Hamburg: Rowohlt, 2008, S. 425.

„Der Tod enthüllt sich zwar als Verlust, aber mehr als solcher, den die Verbleibenden erfahren. Im Erleiden des Verlustes wird jedoch nicht der Seinsverlust als solcher zugänglich, den der Sterbende „erleidet“. Wir erfahren nicht im genuinen Sinne das Sterben der Anderen, sondern sind höchstens immer nur dabei.“
Martin Heidegger: Sein und Zeit, 12. Aufl. Tübingen: Max Niemeyer, 1972, S. 239.

Ich blicke zurück.
In aller Traurigkeit und allem Schmerz
denke ich an die wunderbaren Zeiten,
die wir miteinander hatten.
Wir haben gelebt, geliebt, gelacht, gefeiert.
So wunderbar war unser Leben,
und wir durften es miteinander erleben.
Wenn du vorausgehst, gehst du nicht allein.
Die Liebe begleitet uns
und all die schönen Erinnerungen
können wir mitnehmen.
Ich danke Dir.
https://www.abschiedstrauer.de/sterbebett-zurueckblicken-danken.htm

Einwilligung
Der Trost hat mich gefragt, ob ich bereit bin,
durch den Schmerz hindurchzugehen,
anstatt ihn zu umkreisen,
und ob ich meinen Finger so lange in die Wunde lege,
bis ich das Unversehrte darin fühlen kann.
Der Trost hat mich gefragt,
ob ich mich halten lassen werde von Armen,
die nichts je wieder in Ordnung bringen,
und ob ich schweigen kann,
bis irgendwann wie warmer Atem
ein gutes Wort mich streift.
Der Trost hat mich gefragt,
ob ich mich bücken werde zur kleinen blauen Blüte am Wegesrand,
ob ich Kirschen von den höchsten Ästen pflücke
und ob ich es ertragen kann,
wenn mich am Abend ein Glück ganz ohne Grund befällt.

Der Trost hat mich gefragt, ob ich erahne,
dass ich auf nichts ein Anrecht habe, auch nicht auf die Untröstlichkeit,
weil sich in jedem Augenblick das Leben selbst an mich verschenkt,
ohne zu zögern und ohne Maß.
Wie eine, die noch in die Weite dieses Wortes wachsen muss,
sagte ich Ja.

Aus: Der Andere Advent, von Giannina Wedde, Andere Zeiten e. V., Initiativen zum Kirchenjahr, Hamburg, 2021/22.

35 Segen der Trauernden

Gesegnet seien alle, die mir jetzt nicht ausweichen.
Dankbar bin ich für jeden, der mir einmal zulächelt und mir seine Hand reicht, wenn ich mich verlassen fühle.
Gesegnet seien die, die mich immer noch besuchen, obwohl sie Angst haben, etwas Falsches zu sagen.
Gesegnet seien alle, die mir erlauben, mit dem Verstorbenen zu sprechen.
Ich möchte meine Erinnerungen nicht totschweigen.
Ich suche Menschen, denen ich mitteilen kann, was mich bewegt.
Gesegnet seien alle, die mir zuhören, auch wenn das, was ich zu sagen habe, sehr schwer zu ertragen ist.
Gesegnet seien alle, die mich nicht ändern wollen, sondern geduldig annehmen, wie ich jetzt bin.
Gesegnet seien alle, die mich trösten und mir zusichern,
dass Gott mich nicht verlassen hat...
Marie-Luise Wölfing, https://briefeindenhimmel.jimdofree.com/gedichte-und-geschichten/der-segen-der-trauernden

Nachwort

Es ist mir noch wichtig zu betonen, dass Sie sich nicht von „Kalendersprüchen“, oder auch Ratschlägen in diesem Werk unter Druck setzen lassen. Der Weg ist lang und verlangt von Ihnen viel Geduld – sowohl Ihnen selbst als auch Ihrem Umfeld gegenüber.

Bei der Erstellung dieses Leitfadens war es mir ein Anliegen, die häufigsten Fragen zusammenzustellen, um die Normalität dieser Trauerwege aufzuzeigen, verbunden mit der Hoffnung, das Leid der Trauernden etwas zu lindern. Wer sich intensiver mit dem Thema auseinandersetzt, erkennt schnell: Jede einzelne Frage rund um die Trauer könnte ein eigenes Buch füllen – denn sie reicht bis in die Tiefen unserer Existenz. In Zeiten der Trauer fehlt oft die Kraft, sich durch lange Texte zu arbeiten. Der Schmerz nimmt Raum, die Gedanken kreisen, und selbst das Lesen kann zur Überforderung werden. Deshalb soll diese kurze Zusammenfassung nicht belehren, sondern begleiten – als leiser Anfang, als erste Wegmarke auf einem Pfad, der Kraft, Zeit, Raum und Mitgefühl braucht.

Möge es hilfreich sein!

Literaturempfehlungen

Megane Devine: Es ist okay, wenn du traurig bist.
Thea Dorn: Trost. Briefe an Max.
Sven Gottschling: Leben bis zuletzt.
Mariana Lefky: Die Herrenausstatterin.
Yuval Harari: Eine kurze Geschichte der Menschheit.
Angela Holzmann: Was bleibt ist die Erinnerung. Trostgedanken für Trauernde.
Roland Kachler: Meine Trauer wird dich finden.
Roland Kachler: Damit aus meiner Trauer Liebe wird.
Frank Maibaum: Liebe wird sein, Liebe, was sonst.
Chris Paul: Schuld macht Sinn.
Doris Wolf: Einen geliebten Menschen verlieren.
Irvin Yalom: In die Sonne schauen.
Irvin Yalom: Unzertrennlich.
Jörg Zink: Die Brücke der Trauer.

Bernhard Weißhaar
perlenzeitvs@gmail.com